Cleopatra o Meryl Streep?
(short stories)

Beniamino Cardines

a Lidia Borghi
(scrittrice, editor: 1965-2024)

"Quando mi chiedo perché amo la letteratura,
mi viene spontaneo rispondere:
perché mi aiuta a vivere.
Al di là dall'essere un semplice piacere,
una distrazione riservata alle persone colte,
la letteratura permette a ciascuno
di rispondere meglio
alla propria vocazione di essere umano."
(Tzvetan Todorov, *La letteratura in pericolo*)

Gruppo Editoriale WritersEditor
www.gruppowriterseditor.it
direzione@writerseditor.it
Copyright©GruppoEditorialeWritersEditor2024

INDICE

Pre_Lettura
Cleopatra o Meryl Streep? (short stories)

Sono racconti limite rottura catastrofe antropologica.
Urlo.

Aprono e chiudono alla deflagrazione umana, a un'esistenza dalle viscere brutali. Storie emerse, cronache rinarrate, scampolo e squarci di questa umanità naufraga. Poco dopo sarebbero annegate. Qualche attimo prima, da leggere o ascoltare per dichiararsi sconfitta o vittorioso esistere.

Vite e vissuti stremati che sfidano e dichiarano guerra frontale al respiro, al cuore, a chiunque. Superando tutto e tutte le avversità, riescono a invitarci alla resistenza della vita. Al coraggio sorgivo.

Un luogo non luogo, abitato dal malessere e da una strana benevolenza, al quale è difficile restare indifferenti.

1/ Numeri

Uno due tre quattro. Cento, mille. Milioni, tutti. Tutti numeri da vendere, tutti numeri per farne crescere altri. Tutti numeri senza nomi, senza cognomi, senza data di nascita. Numeri senza faccia, senza cuore. Numeri per ammucchiarne altri in grosse pile pronte a essere cedute al miglior offerente.

Io sono un numero.

Tu sei un numero.

Noi siamo numeri.

La prima volta che aveva venduto qualcuno era alle elementari, in quinta. C'era un gruppetto di bulli che cercava informazioni sulle abitudini di Giovanni, un ragazzino schivo e silenzioso, chiuso, riservato. L'aveva avvicinato simpaticamente col suo modo di fare che non sbagliava mai un colpo. «Ciao, lo sai che mio padre vorrebbe avere una macchina proprio come quella di tuo nonno.» In un paio di settimane aveva scoperto più cose lui che la maestra in quattro anni di pazienti brainstorming. Giovanni viveva coi nonni paterni in una casa a metà forma tra un museo e un castello. Una villa antica immersa nel verde, un posto che lui e i suoi committenti potevano solo sognare, anzi no nemmeno quello. Suo padre era morto ammazzato in un attentato mafioso. Passava di lì per caso. Le schegge della bomba che avrebbe dovuto intimorire un magistrato, si erano infilzate in tutto il suo corpo e in quello del suo cavallo. Morti entrambi dopo ore di agonia, dissanguati. Sua madre, fuori di testa completamente, stava in un posto per fuori di testa completamente. Nessun altro parente, se non talmente lontani e bastardi, da non esserlo neanche più né per rango, né per sangue. Solo al mondo con due nonni e una gatta dal nome Siepe. Una gatta enorme, sterilizzata, molto gatta, molto furba. Molto che sembrava sapere cose che molti umani non conosceranno mai...

Insomma il pacchetto di informazioni, compreso di spostamenti di nonno e nonna, di abitudini alimentari, indirizzo di casa, telefono del nonno, preferenze di Siepe e orari in cui era meglio lasciarla stare. Tutto era pronto per essere ceduto al committente. Tutti i numeri necessari per avere in pugno la vittima prescelta dal gruppo dei pari bulli. Sapeva anche di una misteriosa cassaforte dove la nonna custodiva i gioielli di tre generazioni di contesse. Sì, la notizia più incredibile era questa. Giovanni, al compimento del suo diciottesimo anno d'età, sarebbe diventato conte, un conte vero. La sua era una famiglia blasonata, non più importante come una volta, ma pur sempre una famiglia aristocratica, rispettata, ricca. Lo avevano lasciato in quella scuola perché suo padre che a modo suo era un ribelle alle convenzioni, lo aveva iscritto lì. E lì era rimasto su consiglio degli assistenti sociali, per non fargli subire altri traumi, eccetera eccetera. Finite le elementari sarebbe andato in un collegio per ricchi, a imparare cose che solo i ricchi possono e devono sapere per fare le cose dopo e continuare a essere tali e guardare tutto il mondo dall'alto. Come falchi che planano sui boschi mentre sotto sotto nel fitto della vita è tutto un darsi da fare per sopravvivere e arrivare a domani.

Totò era pronto a cedere i risultati del suo duro lavoro. Erano d'accordo: protezione, soldi e un super computer nuovo. Il suo vero nome era Salvatore, ma nessuno lo chiamava così. Loro vivevano in un appartamento popolare. Lui era il quarto di cinque figli venuti al mondo come conigli. Prima di lui altri tre maschi. Gennaro, il più grande, già tre volte entrato e uscito dal riformatorio. Poi c'era Lucariello tossico fino al midollo e Mattiuccio futuro femminiello che la notte gli metteva le mani in mezzo alle gambe e lo masturbava. Suo padre lavorava alla giornata, sua madre pure. Nunziatina, la più piccola, aveva un anno. Era sua sorella, spettava lui starci attento. Guai a chi la toccava. Totò era Totò, con lui non si scherzava. La sua famiglia di blasonato aveva solo i debiti, una reputazione da poveracci, da sfigati, numeri senza numero. Numeri che nessuno vorrebbe mai. Numeri che nessuno saprebbe cosa farsene. Totò questo lo sapeva bene. Totò pc! Lo chiamavano tutti così. Già a nove anni sapeva tutto dei computer. Li montava e li smontava. Ci entrava dentro come una spia nei fatti degli altri. Era bravo e i suoi servizi li sapeva vendere bene. Totò non voleva finire né come Gennaro fuorilegge a vita, né come Lucariello che a ogni alba avrebbero potuto ritrovarlo secco strafatto, né tantomeno come quella mezza puttanella di Mattiuccio che però con le mani e con la bocca ci sapeva fare molto molto bene. L'unico dei suoi tre fratelli con cui andava veramente d'accordo. Beh almeno ci godeva.

Totò un amico vero non l'aveva mai avuto. Nel suo mondo quartiere palazzo, ci potevi crepare con gli amici dietro la porta.

Meglio avere soci in affari, meglio avere puttanelle nel letto. Altro non si poteva permettere. Giovanni era tutta un'altra storia. Quando entrò per la prima volta in casa sua, gli sembrò di essere arrivato in paradiso, ma proprio sopra sopra! Alla fine divennero così amici che, quando arrivò il giorno prestabilito per lo scambio delle informazioni, si era organizzato da gran figlio di puttana facendo in modo che i bulletti finissero tutti segnalati, denunciati e cacciati dalla scuola che terrorizzavano. Tutti chiusi in strutture dove avrebbero trovato altri bulli per i loro denti. Si era fatto aiutare da Filippo, il nonno di Giovanni. Il conte era tra le tante cose un ex pezzo grosso della magistratura. Da quel momento aveva cambiato il suo destino, quello di Giovanni, quello di Nunziatina, quello di Mattiuccio e quello di suo padre e sua madre. Per Gennaro non ci fu niente da fare, morto impiccato in carcere a 19 anni. Per Lucariello idem, crepò come era vissuto, da tossico a 16 anni.

Lo dice sempre Totò, quello fu il più grande affare della sua vita. Si assicurò amici potenti, tutti gli studi dei ricchi alla pari di Giovanni e la possibilità di avere delle possibilità tra i numeri, lì dove prima non era neanche uno zero.

Insieme hanno riso il giorno in cui si sono liberati dalle elementari. Insieme hanno studiato. Insieme hanno fatto ricerche, notti e notti a cercare di capire quanto possa valere un grosso numero di informazioni e a chi rivenderle e come sarebbe stato meglio gestirle. Insieme hanno deciso di aprire un'azienda che raccoglie stocca e fa affari stratosferici con i big data.

Sapete di che cosa stiamo parlando? Di numeri, signori. Di tutti i vostri i numeri. Della vostra nascita e dell'ipotesi di morte. Di quanto consumerete e di quanto potreste risparmiare. Delle vostre preferenze a tavola o sessuali. Delle vostre malattie o della voglia di stare bene. Cosa fanno i vostri amici, con voi e senza di voi. Cosa leggete, cosa cliccate, cosa vi interessa e cosa vi annoia. Tutto, non c'è niente che sfugga. Tutto è numeri e tutti i numeri si possono vendere. Voi, signori, siete in vendita, merce di scambio. Voi, piccoli numeri che uniti ad altri, fanno pacchi di numeri di cui tutto il mondo globale è goloso. Come un orso attirato dal miele, un agguato alle api e poi improvvisamente una corsa intrepida e l'assalto all'intero alveare, costi quel che costi.

Totò ha sistemato tutta la sua famiglia.
Una grande casa con giardino per suo padre e sua madre. Una piccola rendita a vita, per vivere e per gli sfizi che non hanno mai potuto sognare. Sarebbero finiti come dei barboni qualsiasi a chiedere pacchi alla Caritas parrocchiale. Nunziatina ha studiato e lavora con lui e Giovanni. Responsabile delle comunicazioni con l'esterno e dell'ufficio stampa. Avrebbe fatto la parrucchiera o l'estetista o la sarta in nero, o la moglie di un altro povero numero sfigato quasi zero. Mattiuccio che non dorme più con lui da tempo, è il loro direttore del marketing, con un talento straordinario per scovare nuovi mercati. Sarebbe finito in strada, invece ora le strade le inventa.

Giovanni è suo amico. Si vogliono bene come due fratelli. Nel frattempo è diventato conte. Alla cerimonia c'era tutta l'aristocrazia decaduta di mezza Italia e anche di gran parte d'Europa. Saranno venuti più per non mancare tra i numeri che per reale interesse nei confronti della nobiltà. Più per vedere i soldi fatti a palate vendendo la vita e le sue pieghe apparentemente anonime che per assistere all'ennesimo trionfo di un'aristocrazia vuota, senza più dame né cavalieri.
Totò c'era e c'era pure tutta la sua famiglia di numeri zero. Totò era al tavolo dei conti, lui che i conti li sa fare meglio di chiunque altro. Lui che entra nei numeri come fosse una spia…
Lui che avrebbe potuto vendere il destino di Giovanni e invece ha deciso di custodirlo silenzioso nel suo cuore.

2/ Popstar

Prima di andare via ho mille cose da fare, anzi mille che vorrei fare e rifare.

Tutti.

Come faccio a dirglielo a tutti che sparisco che non mi vedranno più. Non ci crederà nessuno. Come faccio a dire alla vita così, in quattro e quattr'otto, tanti saluti e chi s'è visto s'è visto? Non ci crederà nessuno.

Non ci crederanno perché ci sono sempre stato per tutti.

Non ci crederanno perché gli amici non li vorresti mai lasciare, mai salutare, mai dirgli addio sul serio.

Non ci crederanno, ma io dovrò andarmene lo stesso. Lontano, il più lontano possibile. Il più lontano che diventa irraggiungibile, dove nessuno penserebbe mai di trovarti. Dove nessuno vorrebbe mai saperti… una residenza scomoda, ignota come un buco nero dell'universo quando non sai se è meglio stare di qua o dall'altra parte.

Appena sabato scorso l'ultima festa. L'ultima baldoria con Nina sul tavolo a fare il numero della spagnola. Finte nacchere, finto flamenco, parrucca nera riccia paiettata. Finta donna e finti maschi attorno a lei a fargli da torero come in un video di Madonna.

Vorrei andarmene da popstar. Di quelle capricciose o depresse o troppo sulla cresta dell'onda per rendersi conto che la vita che stanno vivendo che le travolge, non è più la loro, ma quella di un'altra, di un altro. Mi farebbe bene cantare a squarciagola, urlare un urlo potente e sconvolgente come quello del quadro di Munch. Un urlo capace di cambiare i colori del tramonto, i colori di tutto il cielo. Un urlo urlo, per dire basta agli eccessi, basta alle stravaganze, basta non ce la faccio più. Via da qui, lontano da tutti. Non ci crederà nessuno e Nina sarebbe la prima a non crederci. La prima a strapparsi tutti i capelli, quelli veri né ricci né paiettati, i pochi rimasti.

Ieri oggi domani. Tutto si confonde nella scia di una decisione veloce. Voglio sparire, è arrivato il momento di non esserci più, di non starci più dentro. In fondo ci sarebbero tante scene sbagliate della vita che andrebbero tagliate come nel montaggio di un film. Tagliate e buttate via senza pietà, senza ricordi, con disprezzo… e con loro, tutti i loro attori, le starlette, tutti i loro personaggi inutili. Tutto il circo mobilitato da una festa a sorpresa durata quasi trent'anni. Eppure non ho niente da buttare, nulla da disprezzare, né rimpianti, né cose rimaste non dette.

Non ci crederà nessuno... stamattina l'oncologo m'ha detto che dovrei farcela che non perderò tutti i capelli ma solo un po' di forza, di energia mentale e forse in un primo momento anche la voglia di sorridere. Non ci crederà nessuno, poi, scoppieranno tutti a piangere uno a uno e dovrò consolarli, loro che dovrebbero consolare me.

Mi restano cinque o sei mesi di vita che ci faccio?

Vorrei essere una popstar. Di quelle che ovunque vanno le riconoscono tutti. Di quelle che firmano autografi e che hanno schiere di paparazzi appostati dietro ogni angolo della giornata. Di quelle che sorridono anche se hanno il morto in casa, convinte che la felicità sia qualcosa da mostrare piuttosto che tenerla nascosta come la perla di un'ostrica tra tante senza... un tesoro, la felicità.

Ho fatto subito testamento. Sistemato ogni cosa... tutto il resto andrà a Nina, a lui che mi ha amato più di chiunque altro. Luca non è stato solo un amante fantastico, è stato l'amore, la passione. La vita che incontra una metà senza la quale saresti solo la parte mancante. Nina a modo suo è una popstar. Chi non conosce il suo numero della spagnola? Chi saprebbe sbattere tacchi e nacchere, nacchere e tacchi alla sua velocità? Non ci crederà nessuno. Chi farebbe impazzire centinaia di uomini ai suoi piedi rosa in bocca, rosa spinosa, rosa che ti conquista e poi non la lasci più.

Ci siamo incontrati in una piazzetta a Capri. Ero in vacanza con Elena e i bambini. Grande cappello di paglia da diva d'altri tempi, come una Brigitte Bardot e il sole a farle la corte. Abito lungo di seta stampato a fiori verdi e arancio. Zatteroni da vertigine. Capelli rossi mossi come la testa di una gorgona... l'ho seguita con lo sguardo fin dove era possibile e sarei andato oltre con la voglia di tuffarmi in quel tramonto incendiato. Ricordo le parole di Elena: «Amore hai preso una svista, quella non è una donna...» Eppure a me era sembrata una dea, nella sua scia avevo respirato una strana aria di libertà. La rividi quella sera stessa, ci guardammo, ci riconoscemmo e quella notte scoprii che potevo amare un uomo, Luca. Non ci crederà nessuno. Abbiamo vissuto assieme tutti questi anni. Nina è stata la zia o lo zio dei miei due figli, entrambi innamorati di lei. L'amica di Elena, la sua migliore amica. A Natale era Babbo Natale, alla Befana la Befana. A Pasqua usciva dall'uovo di Pasqua. Paolo e Giuseppe eccitati, non vedevano l'ora di rompere l'involucro di cioccolato per riempirsi gli occhi con la sorpresa dell'ennesimo sconvolgente travestimento... Nina d'estate si trasformava nella creatura più sensuale che si potesse immaginare. Una vera popstar, disinibita e mutante sotto i miei occhi affamati, increduli, ipnotizzati, drogati dai suoi show. La sua vita. Una vita intera come uno show.

Ho pochi mesi per ricordare tutto questo. Per riavere ogni attimo, ogni emozione e l'illusione del tempo senza ferite che solo l'eternità dell'amore può regalarti. Ecco perché ho deciso di andarmene, di sparire. Di starmene da solo. Voglio portare con me ogni fotogramma, ogni ora, ogni momento. Voglio portare con me il suono delle sue nacchere. Il suo profumo. Le notti a cercarci, ad amare la libertà dell'amore che non ha bisogno di definizioni.

Non ci crederà nessuno... ho baciato e amato una popstar.

3/ Dove sei? (Genesi 3,9)

«Dove sei?» chiese la voce di Dio ad Adamo fiancheggiato da Eva. Muti. Si guardarono in faccia smarriti, non seppero darsi una risposta. Eppure avevano i piedi nella terra dalla quale provenivano, la terra che li aveva creati, generati. La terra che li aveva germinati...

La terra che calpestavano era il paradiso terrestre dal quale stavano per essere cacciati a malo modo e con le pezze di fico al posto giusto! Lui Adamo, il primo uomo. Lei Eva, la prima donna.

Troppo golosi di frutta fresca, non avevano saputo resistere alla voglia spasmodica di mordere la polpa dell'unico albero di proprietà privata di quella immensa splendida riserva naturale che li ospitava. Peccato.

Peccato sì!

Peccato beccato! Non crederete mica di poter fare i furbi con un padrone di casa che ha angeli per guardiani e arcangeli per bodyguard!?

Come resistere a quel colore rosso intenso, così seducente, così convincente: «Mangiami mangiami mangiami!» Così invitante e succoso.

Il primo rave gastronomico della storia dell'umanità e chi poteva perderselo!? Non sia mai detto che qualcuno avrebbe poi tramandato e narrato e trascritto che di fronte a una trasgressione così alla portata di mano, proprio loro due, i primi due, si erano tirati indietro. E no!?

Così attorno a un albero da frutto, circoscritto a un ramo con una splendida mela rossa in età da morso. Così così, fu stabilito il primo perimetro della trasgressione e del tradimento di un'alleanza stretta senza troppe chiacchiere col padrone di casa. Dio appunto.

Lui in persona... e chi se lo scorda più!

Avrebbero potuto scegliere un ananas, un banano, una pera o una mela cotogna, no! Si sono impuntati proprio sull'albero da frutto che il padrone aveva riservato per sé... e che cazzo, con tutta la frutta da frullare che c'era lì, ed eravate solo in due, proprio la mela dovevate fregargli! Si sa no, che a Lui sta bene qualsiasi cosa che è misericordioso e buono e giusto. Ma se poi gli girano le balle, bisogna aspettarsi diluvi tremendi e cavallette d'assalto e primogeniti al due novembre. E tutto questo è di dominio pubblico.

E così fu!

Lei piangeva e magnava. Lui magnava e frignava. A bocca piena, già pentiti, continuavano a masticare e a guardarsi l'un l'altra come a dirsi: «Sputi prima tu o prima io?».

Di fatti nessuno dei due sputò. Anzi, giacché c'erano, colsero un'altra mela a testa e lo spuntino fu completo (questo però nella Bibbia non l'hanno scritto, troppo da cretini...).

Capirete bene che davanti a tutta questa sfacciataggine, la reazione da parte del padrone del giardino non poté non giungere immediata e proporzionata all'affronto.

Chiamatelo cartellino rosso, chiamatelo foglio di via, espulsione, estradazione. Chiamatelo come vi pare, ma fuori dalle balle, questi due stronzi della prima ora!

E così fu!

Ora per un attimo distogliamo lo sguardo dalla scena principale che punta l'occhio di bue su questi due protodisgraziati di Adamo ed Eva. Andiamo a sentire il parere della mela e congiuntamente dell'albero che ce la diede.

«No scusate, io non ho visto niente, non so niente... mi sembrava brava gente della porta accanto, ben pettinati, puliti, belle tette lei, bel culo lui e chi l'avrebbe mai detto che erano due ladri, due traditori di patti santi, arraffatori di frutta altrui? Avrei voluto vedere voi, al mio posto. Così carini, ingenui, anche un po' spaesati, tanto da farti venire la voglia di dirgli ragazzi prendete una mela che vi fa bene! Una sì, ma poi non li fermava più nessuno... il serpente? Mai visto un serpente arrampicarsi su un albero di mele! Sarà stato piuttosto un pappagallo, uno dei tanti uccellacci uccellini che svolazzano da queste parti, del resto qui parlano tutti e le voci si confondono facilmente... il bene il male? Nooo, ma che c'entra! Con tutti i contenziosi di proprietà da risolvere in giro per l'universo, figurarsi se quel giorno stavano proprio lì a bisticciare per un cesto di mele. Qui c'è un frainteso, qui qualcuno ha voluto ricamarci sopra... no, non credo che il padrone avesse già previsto tutto, non è così fesso da fare le cose scontate. Anzi lui ama l'avventura, le sorprese, non si fermerebbe mai all'ovvietà di un tira e molla tra i rami di un albero di mele, non penso proprio. Piuttosto qualcosa è andato male nella comunicazione successiva, qualcuno ha pensato bene di ricostruire la storia così, un po' come gli serviva, un po' com'era più utile farla apparire... e con questo, non ho nient'altro da dire. Sapete come vanno le cose da queste parti, no? Meglio raccontare l'essenziale, il canonico in funzione dello scopo.»

Mentre l'albero parlava, tutte le altre mele, quelle superstiti post assedio, tacevano con gli occhi bassi e lo sguardo dimesso... nessuna di loro osava alzare le palpebre. Non si capiva bene se per rispetto alla parola del padre comune o per timore che altri disgraziati ne percepissero l'invito a coglierle tutte e farne orgia.

L'albero parlava, certo, ma loro sapevano cinque cose che conveniva tacere, tacere sì.

La prima. Appunto, la sera prima. Mentre il padrone impastava crete argille e altro piastricciume terrestre, ci fu una strana chiamata: «Prontoo?» «Sssssssst...» «Sì, ma ora sto facendo!» «Sssssssst...» «No, non sto costruendo l'arcobaleno, sto inventando l'uomo e poi forse farò anche la donna, anche se non ne sono tanto sicuro...» «Sssssssssst!» «Come che roba è? Sono creature, sì esseri viventi...» «Sssssssssst...» «Come, non ce ne sono già abbastanza? Cosa vorresti dire che creo il superfluo?» «Sssssssst!» «Senti caro, mi hai già scocciato, ti ricordo che qui faccio quello che mi pare! (e ho riattaccato)»

La seconda. Avete capito chi c'era dall'altra parte del telefono? Noo, non c'era Berlusconi e nemmeno Trump o Putin o Xi-Jinping... c'era lui... Ssssst! La serpe.

La terza. Eva era incinta! Cazzo di chi? Boh... qualcuno aveva approfittato del sonno di Adamo per fottere entrambi? Comunque nessuno avrebbe mai potuto negare una voglia a una donna gravida, dunque che c'entra il peccato originale? Poveretta aveva fame, le è venuta voglia di mela e si è spolpata mezz'albero!

Ora torniamo per qualche secondo sui due protagonisti lasciati da parte.

Adamo è veramente consapevole di averla fatta grossa, ma contestualmente si rende conto che a questo punto della storia, il suo destino è inevitabilmente legato a quello di Eva. Lei invece potendo, se ne fregherebbe davvero di tutti. Cosa farsene di un uomo vestito con foglie di fico, praticamente sconosciuto e che continua a frignare con la bocca piena di polpa di mela? Cosa farsene di un Dio possessivo e latifondista che se la prende così tanto per quattro mele rosse morse alle 12:30?

La quarta. Reggetevi forte. Adamo era gay e non avrebbe mai accettato una mela a scopo di seduzione. Poteva averne quante ne voleva, era l'uomo preferito del giardino... nonché l'unico!

La storia si complica, farne memoria sarà sempre più difficile.

La storia si complica, riuscire a ricavarne un'identità comune sarà davvero un'impresa biblica.

La storia si complica, ma proprio per questo sarà più semplice smontarla e rimontarla come meglio servirà. Non è questione di mentire o di scrivere il falso, è solo che le cose vanno sempre narrate cercando di farne un capolavoro assoluto. Quindi, prevenendo, meglio sfrondare tutti i particolari che spiazzerebbero il lettore fastfood portandolo al dubbio.

«Sssssssssst...»

Ci sono anch'io in tutta questa storia, cosa credete che me ne stavo lì a guardare bello bello, senza scatenare qualcosa di brutto brutto brutto? «Ssssssst...»

Tutto questo perché? Provate a indovinarlo? Provate a resettare tutto... «Sssssssssst!» Chi? Chi secondo voi avrebbe mai parlato di me, se non fossi intervenuto per-so-nal-men-te in tutta questa storia? Altro che Andy Wharol e i suoi 10 favolosi minuti di celebrità! Figurati, neanche un secondo mi avrebbero lasciato, LUI e tutta la sua schiera di narcisoni angelici! E invece così, sono finito sulla bocca di tutti... «Sssssssst!» Lo sentite il sibilo, la sentite la mia voce che vi chiama al dubbio, alla ribellione, alla raccolta delle mele? Ah ah ah! Aaah bene, benissimo, questo è ciò che volevo. Essere ricordato per l'eternità. Una costola rotta al SUO fianco. Che dolore! «Ssssssssssst.»

La quinta. Vieni a casa mia, vieni a casa mia ti piacerà... voglio raccontarti delle storie che faranno di te un eroe, un uomo vero, un immortale, e sarai padre e io sarò madre... e avremo tante cose da narrare ai nostri figli. Verità, falsità, quante storie! Che me ne faccio? Col tempo diventa tutto vero, col tempo diventa tutto falso... per questo c'è bisogno di credere e io ci credo, e io Ti credo.

4/ La mia origine non è la pioggia

La mia origine non è la pioggia.

Sono una goccia d'acqua come tante. Come tutte le altre finirò per asciugarmi, per evaporare, per non esistere più. Tra poco la mia presenza imbarazzante, il mio percorso sempre interrotto da mani premurose, saranno solo un ricordo. Mani mani mani. Tra poco sarà tutto finito e ogni cosa tornerà al suo posto come prima. Prima che io apparissi e striassi qualche centimetro di pelle. Io, goccia. Io, bagnata. Lo sono stata prima e lo sarò dopo.

La mia origine non è la pioggia, non è una fontana, non è una spugna strizzata. Non provengo da una fonte d'acqua esterna, ma piuttosto interiore. Il mio sgorgare non è felice gioioso libero spensierato... sono generata dal dispiacere, dal dolore, dalle ombre della vita. Da ciò che fa male e da ciò che fa troppo ridere. Io, io, sono una lacrima. In questa storia non c'è niente da ridere.

Il mio brevissimo percorso è sul volto di una bambina. Davanti a lei solo polvere, gente che corre in tutte le direzioni, gente che urla. Gente che non è più gente ma solo pezzi di carne dilaniati da una due tre bombe che improvvisamente hanno squarciato il sole, la giornata, il mercato.

Dov'è la mamma? La mamma non c'è più.

C'è una contrazione che mi precede, è come se fosse finito tutto. Come se il cuore si fosse fermato o non volesse più riprendere a battere. L'incertezza, il bilico, il terrore, lo smarrimento. La solitudine improvvisa, inattesa, violenta. Tutte queste emozioni si confondono alla polvere e non sanno più esistere se non nella totale confusione che impedisce qualsiasi spiegazione della realtà.

La bambina si chiama Siria, ma presto non si chiamerà più. Nessuna identità. Nessuno saprà riconoscerla. Una bambina? Un popolo? Una cultura? Non le resterà che fuggire come tutto il mondo attorno a lei. Ma qual è la direzione giusta? Dov'è il prima e il dopo?

Io parto dagli occhi e scivolo giù. Vado verso terra, una terra che non riuscirò mai a toccare. Il mio destino di lacrima mi impedisce di fare qualsiasi progetto per il futuro. Qualcuno mi fermerà molto prima che io possa arrivare alla periferia di un volto, una faccia, seppure quella piccola di una bambina.

In lontananza un'altra detonazione. Altre bombe. Ora tutto è piombato in un silenzio surreale. Non c'è più nessuno per strada, sembrano tutti spariti. Nessuno corre, solo i corpi morti sembrano fuggire verso una direzione inspiegabile e unica per tutti.

La bambina piange, altre lacrime striano il suo visino impolverato. Siria è sconfitta, si mette le mani tra i capelli, ancora polvere e pezzetti di cemento. A qualche metro da lei vede uno straccio, sembra il vestito di sua mamma. Ma sua madre dov'è?

Siamo in tante a bagnarle la faccia oggi. Tante libere di sgorgare, di solcare la polvere, lasciando come strane tracce, disegni, testimonianze di una storia. Una brutta storia che si ripete da troppo tempo. Siria si siede a terra, piange e aspetta. Vorrebbe che qualcuno passasse e le tendesse la mano. Qualcuno che le facesse un sorriso che la prendesse in braccio. Ha solo quattro anni. La mamma non c'è più. La mamma dov'è?

Siamo in tante, io goccia, io lacrima e tutte quelle come me costrette a scivolare sul volto della sofferenza, del vuoto, della solitudine. Troppe per essere contenute tutte dal cuore di Siria, troppe anche per la sua piccola faccia di bambina.

Siamo in tante. Su una terra secca da millenni, scendiamo, ma l'acqua che portiamo non irrigherà nessuna fioritura, nessuna bellezza, nessuna felicità.

La chiamano guerra. Dopo, non c'è un dopo.

5/ Leonessa

Non c'è.

Non c'è un paesaggio a cui mi sento di appartenere, non c'è. Non c'è perché sono stato strappato da mille città, da mille finestre, da mille braccia che avrebbero voluto trattenermi e invece no. Non c'era tempo per fermarsi, non c'era tempo per dire, resto. Non c'è stato nessun tempo per amare come andava fatto.

Mi chiamo... non ve lo dico come mi chiamo, fate come volete, chiamatemi pure come vi pare.

Mio padre era alcolizzato fino al vomito, mia madre lo inseguiva nella follia di amarlo e odiarlo. Lei beveva per capirlo e per cercare di mostrargli da vicino l'amore che lui non sapeva vedere. Mio padre era una bestia, con tre schiaffi ti rovinava il volto, con cinque non potevi uscire di casa per almeno due settimane.

Quando penso a quei giorni, quando ripenso alla mia infanzia, vedo solo sangue di mia madre schizzare sulle pareti di casa. Vedo solo vomito da pulire. Vedo solo l'orrore che non posso e non riesco a dimenticare.

C'è un sole che non ho mai visto sorgere, c'è un sole che non ho mai visto tramontare. Ero lì, come pietra immobile, impossibilitato a fuggire per non averne la forza, per non averne l'impeto. Per non avere abbastanza coraggio di chiudere con la tragedia che scorreva nelle mie vene come sangue sprecato. Come sangue che porta a una vita nulla, una vita che non sa di esserlo, una vita mai scoperta, mai.

Contavo i minuti. Non vedevo l'ora che uscisse e avrei voluto che non tornasse mai, mai più la sua voce, mai più le sue mani addosso a mia madre, mai più la sua brutalità dentro di me. Avrei voluto che crepasse in uno dei suoi bar, in una delle tante bettole dove lasciava gran parte dei soldi, quei pochi che riusciva a guadagnare scaricando il pesce al porto.

Aveva iniziato la notte del mio undicesimo compleanno. Sudato, sporco, ubriaco. Si era buttato sul mio letto e sul mio corpo. Mi aveva violentato tenendomi la faccia schiacciata sul cuscino. Soffocavo, piangevo, urlavo sulla mia stessa faccia, ma nessuno poteva sentirmi. Mia madre dormiva, crollata, sopraffatta dall'alcool e dalle botte. La furia mi squartava colpiva affondava, ero la sua preda, il suo boccone. Aveva iniziato, non si sarebbe più fermato. Il mio letto, la mia stanzetta, i miei orsacchiotti. Ogni notte avrei voluto che fosse già giorno, ogni notte avrei voluto che mi trovasse morto. Il mio letto come una bara. La mia stanzetta come un ossario. I miei orsacchiotti, tutti con gli occhi sbarrati inorriditi impotenti.

Sì, per anni sono stato la sua preda, il suo boccone, l'unica cosa che non vomitava, se non dentro di me...

Una notte mia madre si svegliò. Una notte guidata da una di quelle stelle che brillano per pochissimo. Aprì la porta dell'orrore, lo vide accanirsi su di me, godere e rubare la mia felicità di bambino. Quella fu la goccia che fece traboccare tutti i vasi, tutti i possibili vasi dell'amore e della sopportazione. Dell'amore e dell'odio. Gli squarciò la schiena con un grosso coltello da cucina. Mille colpi come una vera leonessa pronta a difendere i suoi cuccioli fino alla morte. Tutti gli orsacchiotti tifavano per lei e se avessero potuto lo avrebbero sbranato. Avrebbero strappato la sua carne a dentate, proprio come lui aveva fatto con me.

Al suo funerale nessuno, nemmeno l'ultimo dei cani randagi, degli ubriaconi. Nessun pescatore, nessuno. Si dice che a turno vadano ancora sulla sua tomba a sputare il disprezzo e pisciargli in faccia.

Mia madre? Qualche anno dopo, si è suicidata di alcool e disperazione per non aver saputo proteggere suo figlio dall'uomo che amava.

Uomo?

Sono cresciuto in una casa famiglia e poi a diciott'anni via da tutto, via da tutti.

Sono un'ombra, non voglio essere afferrato da nessuno. Tutto l'amore che avevo nel cuore mi è stato rubato quando ancora non sapevo di averne. Mio padre era una bestia, mia madre lo ha inseguito nella follia di amarlo e odiarlo.

Lui è morto come una carogna.

Lei come una leonessa stanca di difendersi dagli uomini e dalla vita.

Io?

Non ho tempo di fermarmi. Nessun tempo per amare.

6/ Zia Bambina

C'è stato un tempo in cui le donne non potevano parlare.

C'è stato un tempo in cui le donne non avevano nessun diritto.

C'è stato un tempo in cui nascere donna era visto come una disgrazia.

C'è stato un tempo in cui l'amore, per una donna, era qualcosa a cui arrivare attraverso lunghi giorni di agonia.

Amava il teatro più di qualsiasi altra cosa, più di chiunque altro. Fatta eccezione per il Conte Bava, lui era intoccabile.

Lo aveva conosciuto vent'anni prima. Indovinate dove? A teatro, dietro le quinte. Durante la preparazione di una complicatissima messa in scena del Re Lear di William Shakespeare.

Amore amore amore al primo e ultimo sguardo! Tournée folgorante, con lanci di rose e petali profumati ogni sera, da far morire d'invidia Eleonora Duse.

Lei, mia zia, poco più che quarantenne. Lui, il Conte, poco dopo i cinquanta. Semplicemente loro, due primi attori o, come qualche maligno mormorava dietro i sipari, due primissime attrici. Voce puntualmente smentita dai lunghissimi e appassionati baci scambiati in scena. Labbra incollate a sospenderti il fiato. Loro, di una bellezza e sensualità mai più viste dopo.

Un grande amore, sì, ma ognuno abitava in casa sua.

Il Conte Bava viveva in un antico palazzo signorile dai fregi rinascimentali. All'entrata, grande arco, porta per vecchie carrozze e cavalli con paraocchi. Dopo l'arco, una specie di piazzetta, quindi appariva un monumentale porticato, impreziosito all'interno da un giardino con fontane guizzanti a tutte le ore. L'acqua era viola, sembrava di stare davanti a una cascata di ametiste di Jaipur.

Zia Bambina viveva in una grande villa con giardino fiorito tutto l'anno. Mai una stagione senza fiori, anche con la neve fuori. Un posto incantato che forse lo era davvero. Da bambina, andarle a fare visita, era sempre un avvenimento molto, molto speciale. Il più speciale. La notte prima non dormivo affatto. Restavo sveglia a fantasticare su ciò che avrei visto e trovato dentro quella casa incantata. Costumi di teatro, quadri, sculture, ceramiche, tendaggi e drappeggi e tappeti colorati provenienti da mezzo mondo. Zia Bambina era tutto questo, un mondo esagerato, un mondo ricco, avventuroso, sfacciato.

Sì, lei era una donna sfacciata.

Una donna che aveva saputo prendersi dalla vita tutto quello che voleva, ogni capriccio, ogni lusso, ogni uomo. Tanti uomini tutti ai suoi piedi!

Il Conte però non era solo uno dei tanti ammiratori prostrati ai suoi piedi di regina del teatro. Il Conte era anche un attore di massima celebrità. Un fuoriclasse conosciuto ovunque per il suo Amleto carico di fascino oscuro. Il più grande Amleto della sua epoca. Per zia Bambina, essere amica, collega e amante del Conte era come il coronamento di una carriera che andava oltre le possibilità del suo tempo.

C'è stato un tempo in cui le donne non potevano parlare.

C'è stato un tempo in cui le donne non avevano nessun diritto.

C'è stato un tempo in cui le donne non erano proprietarie nemmeno del loro corpo, della loro vita, figurarsi poi...

C'è stato un tempo in cui nascere donna era visto come una disgrazia.

C'è stato un tempo in cui l'amore, per una donna, era qualcosa a cui arrivare attraverso lunghi giorni di agonia. Abitudini, sospiri, lividi e cinghiate da mariti scelti da famiglie troppo avide per pensare alla felicità delle loro figlie.

C'è stato un tempo in cui le donne erano semplice merce di scambio. Per la pace, per la guerra, per concordare alleanze che poi finivano nel più bieco tradimento e nella miseria umana più triste, quella in cui i confini si disegnano con i corpi violati, con le lacrime, con lo stupro di bambine poco più che bambole.

Zia Bambina si era ribellata a tutto questo. All'ipocrisia, alla fame, all'indecenza delle tradizioni che cercano di schiacciare qualsiasi palpito di libertà, di novità, di futuro. Zia Bambina aveva trovato il coraggio di dire basta, segnando una traccia forte, un solco profondo per tutte noi venute dopo di lei. Una traccia potente come l'orma di un gigante, impossibile da non vedere, importante.

Zia Bambina dalla vita ha voluto solo cose belle. Le ha volute con tutte le sue forze e le ha ottenute. La sua vita è stata cosparsa di successi e bellissime storie d'amore con nessun uomo che non fosse da copertina.

Zia Bambina, dove sei? Dove sei oggi?

Zia Bambina è morta ieri, di cancro alla faccia. Impossibile truccarla. Negli ultimi mesi non usciva più, era diventata un mostro.

7/ Natale color salmone

Parole sotto l'albero e niente da dire quel Natale in cui bruciò tutto. Sì, tutto bruciato, casa ricordi e pure le parrucche di zia Bet, proprio quella rossa e quella verde, le sue preferite e 'ffanculo i cinesi che gliele avevano vendute a dieci euro l'una facendole credere di essere la donna più bella del mondo dopo Gina Lollobrigida che non si tocca, chiaro?!

Ore 22:00.

Tutti a tavola. Le candele rosse, i tovaglioli dorati, i bicchieri quelli buoni – mica ho detto che si mangiano? – quelli buoni della nonna col bordo dorato pure quello e ghirigori d'oro zecchino che quando li lavi devi starci attentissima altrimenti ti saltano le pepite e tutta la famiglia piange. E piange zia Bet, piange zia Carmelina, piange zia Lola, e piange pure zio Fausto che ha le lacrime facili come i coccodrilli di Walt Disney. La cosa più bella? I rametti di pino vero che zia Carmelina ha raccolto nel bosco freschi di pomeriggio con neve e fioccioni da sembrare un natale da film più che di casa nostra che poi è tutto un film. Rametti spolverati d'oro, oro finto questo mica come quello dei bicchieri di nonna. Dimenticavo e piange pure nonna Maria, piange si fa per dire dalla fotografia messa in bella mostra a capotavola per ricordare a tutti chi comanda da noi in una casa di tutte femmine che non hanno mai e dico mai messo un uomo al comando. Ovviamente zio Fausto è gay anche se lui preferisce non parlarne e ogni anno ci presenta un amico amico nuovo che poi è come se fosse un'altra femmina e noi tutte ci divertiamo un sacco perché ci capiamo subito al volo e finisce che quando a mezzanotte nasce il bambinello del presepio, dobbiamo solo decidere se mettergli la copertina fucsia, giallo fluo o arancio sparato.

Ore 22:30

Quest'anno l'amico amico di zio Fausto si chiama Giuseppe, proprio come il vero papà del bambinello. Ma lui, che parla parla parla, non fa il falegname, bensì il veterinario. Ci racconta un sacco di storie strane su strane malattie che prendono i gatti. Una sua amica che si chiama Rosy e fa la poetessa sul serio, di gatti ne ha ben 4. Uno cieco, uno con tre zampe, uno punk con un ciuffo bianco in testa e uno capriccioso da morire che salta sui tavoli e qui da noi a Natale non ci potrebbe per niente stare.

Ore 22:40

Lo so, mentre ascoltate tutte queste storie vi starete chiedendo che fine ha fatto l'uomo di casa, perché almeno uno da qualche parte ci deve stare altrimenti la nonna Maria come le faceva tutte 'ste mie zie? E vi starete anche chiedendo di chi sono la figlia perché è chiaro che sono la nipotina di tutte.

Ore 22:45

Ora vi spiego un po' di cose. Nonno Guido è morto in Belgio in una miniera di carbone, a Marcinelle tanti anni fa. Un bel giorno scoppia tutto, crollano le pareti di roccia millenaria e gli uomini che ci lavoravano dentro. Molto sotto terra. Dentro, sono rimasti intrappolati nella pancia di roccia che li ha stritolati come pesciolini in bocca a un pesce più grande e affamato. Saputa la notizia nonna Maria ha avuto un attacco di cuore ed è morta in una notte e qualche ora del giorno dopo. Zia Bett ha avuto una crisi nervosissima e le sono caduti tutti i capelli uno a uno nel giro di venti giorni, dopo di che è diventata cliente fissa di parruccai e cinesi a buon mercato. Zia Carmelina è fuggita nel bosco, praticamente sparita salvo poi tornare dopo tre giorni che sembrava un gatto selvatico che l'avrebbe potuta curare anche Giuseppe che allora non lo conosceva nessuno. Zia Lola è partita per Amsterdam tornando talmente sballata da ricordare a malapena l'indirizzo di casa per chiudersi dentro e smaltire l'intero pascolo d'erba che s'era fumata. Zio Fausto è stato bravissimo, non ha perso nessun equilibrio dei tanti messi in discussione dagli eventi, nemmeno quando mamma – che si chiamava Angelica – ha iniziato a dare completamente di matta che poi si è gettata sotto un treno e fine della storia.

Ore 22:50

Arrivano i mitici cosciotti di pollo ripieni di zia Lola. Lo so che i più maligni di voi staranno pensando che dentro ci sta l'erba di Amsterdam e invece no: salsiccia, caciocavallo, salvia, rosmarino e origano di montagna, una spolverata di curcuma e un pizzico di zenzero. Da leccarsi i baffi, ma qui non li ha nessuno. Zio Fausto è sbarbato, Giuseppe è sbarbato e nonno Guido nella foto pure.

Ore 23:00

Mi chiamo Gina ho undici anni e sto bene. Sulla tavola non c'è né la foto di mamma, né quella di nonno Guido. Le loro stanno al caldo sulla mensola del caminetto. Uno di fronte all'altra come a chiedersi perché?

Ore 23:10

Quando è successo tutto questo io ero davvero molto piccola. Avevo due anni, un papà vero non l'ho mai avuto. Nessuno né parla, perché qui nessuno l'ha mai visto. Quindi l'unico vero papà che ho e che ho avuto è zio Fausto. Il papà più buono del mondo, lo zio più divertente che tutte le mie amiche vorrebbero essere le nipoti di uno zio che fa il parrucchiere e truccatore personale di Gina, sì proprio lei la Lollo, la donna più bella del mondo e su questo non si discute chiaro?! Se c'è una cosa su cui siamo tutte d'accordo è questa, chiaro?!

Ore 23:30

Qualcuno mi annuncia che quest'anno c'è un regalo speciale tutto per me. La voce è quella di zia Bet la più grande e dunque per ora la capofamiglia. Portavoce e che voce, zia Bet fa la cantante jazz nei club, quindi come lo dice lei sta bene, inutile aggiungere altri bla bla bla. Mi guardano tutti con gli occhi sberluccicanti che mi sembrano tutte ballerine di Las Vegas, pure il veterinario che a guardarlo bene somiglia a un aristogatto. Per un momento dimentico che siamo al ventiquattro dicembre e mi sembra di stare nel camerino di un musical a Broadway. Forte!

Ore 23:50

Si spengono tutte le luci. Resta acceso il fuoco che danza attorno ai ceppi con le fiamme che vorrebbero uscire e saltare ovunque. Resta acceso l'albero di natale che zia Carmelina ha ricoperto di una valanga di finta neve bianca, potrebbe caderci addosso da un momento a l'altro ma regge, regge come tutti noi che siamo qui per amore col dolore alle spalle.

Ore 23:55

Siamo tutti davanti al bambinello. Ecco ora arriva il momento più difficile dell'anno, bisognerà decidere il colore della copertina che non può essere lo stesso dello scorso anno fucsia. A sorpresa il veterinario propone di coprire il bambinello con una coperta color salmone, dice che è il colore più di tendenza. Noi tutte con zio Fausto ci guardiamo in faccia sorprese in contropiede. L'idea ci piace ma la copertina color salmone non ce l'abbiamo. Giuseppe con una sorpresa ancora più grande e sorprendendo anche lo zio Fausto che quindi non sapeva niente o sta facendo il finto tonto. Insomma, tira fuori 'sta copertina color salmone che mi passa e che metto sul bambinello scoperto da zia Bett. Color salmone ci sta da dio! Guarda un po'…

Ore 24:00

Buon Natale!

Ore 24:10

Usciamo tutte in giardino a far baldoria attorno a l'albero di natale che zia Carmelina ha addobbato ancora più stravagante di quello dentro sotto valanga. Centinaia di lucine multicolor a forma di stelline più ti avvicini e più ti sembra di stare dentro il camerino di una grande diva. Chi? C'è una letterina appesa. Zio Fausto mi guarda e pure tutte le altre. Capisco che è per me, soldoni?

Ore 24:20

Cara piccola Gina che ti chiami Gina come me (oddio mi batte il cuore a tremila…). *Ti auguro Buon Natale a te, zio Fausto e tutta la vostra meravigliosa famiglia. Sai piccola, con un pizzico di fortuna io ho avuto tutto dalla vita e vorrei che fosse così anche per te. Ti invito a venirmi a trovare a casa perché ho una piccola proposta da farti, so che ti piace tanto recitare. Allora a presto amore mio e Buon Natale dalla donna più bella del mondo… Gina L.*

Ore 24:27

Tutti abbracciati, tutti in lacrime, tutti che una sorpresa così non l'avremmo mai immaginata. Tutti felici.

Ore 24:29

La zia Lola butta un urlo pazzesco ci giriamo tutti nella stessa direzione. La casa è in fiamme, brucia tutto. Proviamo a tirare neve, secchiate e bracciate di speranza. Giuseppe si improvvisa pompiere con la pompa dell'acqua del giardino. Ma le fiamme silenziose prima e ora sempre più alte da dentro a fuori sembrano avere fame di tutto.

Ore 24:30

Qui brucia tutto, tutti i ricordi. La foto della nonna Maria sul tavolo. Le foto di nonno Guido e mamma sulla mensola del caminetto. Brucia tutto quello che ci sta dentro una casa dove abbiamo sempre abitato. Una casa di storia e di storie.

Ore 24:40

Arrivano i pompieri. Noi siamo tutte pietrificate davanti al rogo, davanti alla distruzione proprio stanotte che doveva essere una nuova notte di rinascita di bellezza di gioia. A pensarci bene è bruciato pure il bambinello e la sua bellissima copertina color salmone.

Ore 24:50

Non abbiamo più una casa. Giuseppe che non fa il falegname ma il veterinario, ci offre la sua ospitalità. Col corto circuito e i fili elettrici tutti sbruciacchiati si è spento pure l'albero di natale del giardino..

Ore 24:55

È proprio il caso di dire, amen.

8/ Il mio vangelo del suono

Ve lo dico subito: siete dei gran coglioni!

Avevo quattro anni, la prima volta che ricordo di aver sentito un rumore. Era già musica. Ricordo gli altri bambini in lacrime. Io? Sorridente, in estasi, sorgiva. Per me era come ascoltare il "Chiaro di luna" di Beethoven che mi sta vibrando proprio in questo momento.

Un gran concerto. In realtà solo una mensola della cucina dell'asilo che si era staccata, col terremoto magnitudo 4, facendo cadere tutti i piatti a terra, tutto rotto, tutto fracassato... davvero tutto molto rock!

Il giorno dopo gli altri bambini continuavano a piangere. Io? No! Io non avevo nessun buon motivo per piangere. Mi dispiaceva solo di non poter vedere la maestra Claudia. Mi correggo, le gambe della maestra Claudia, scoperte dalle sue minigonne mozzafiato.

Il giorno dopo non avevamo più la scuola. Dichiarata troppo inagibile per un concerto noise! Magnitudo 5, la seconda scossa nella notte aveva fatto cadere parte del tetto. Cazzo! Quel concerto sì che mi sarebbe piaciuto ascoltarlo.

Ora starete pensando che mio padre tutto tatuato è un ex metallaro convertito al pianoforte di Ludovico Einaudi.

Ora starete pensando che mia madre è una specie di Barbarella Jane Fonda che smignotta con gli stivaloni a coscia alta e i capelli rosa shocking.

Ve lo dico subito: siete dei gran coglioni!

Uno. Perché non avete azzeccato la conversione di mio padre che ascolta solo Giovanni Allevi.

Due. Perché mia madre che fa la puttana in casa, non ha bisogno di stivaloni!

Loro si amano e giocano così. Lei è la sua prostituta, sempre bellissima, sempre vestita di nero o di rosso.

Nero, per confondersi alla notte. Per sembrare una pantera sempre pronta all'agguato, ma invisibile... qualcuno che nessuno vede, eppure c'è. Un animale silenzioso e graffiante, carico di suono dentro, con il cuore battente come un tamburo della foresta. Un suono pazzesco che ho imparato ad amare crescendo e che la prima erezione ha definitivamente amplificato. Un sound check da urlo! Cazzo, se non è rock questo!?

Rosso, per mostrarsi di giorno. Per essere la più desiderabile di tutte e sempre sulla bocca di tutte... qualcuno impossibile da non vedere, accesa! Uno splendido animale da compagnia, pieno di parole dai mille suoni seducenti, mille riverberi come in una voliera di uccelli tropicali. Una melodia pazzesca che ho imparato a cantare a squarciagola giorno dopo giorno, fino a quando non ho capito che avevo la voce giusta per fare la rock singer, anziché una delle troppe sfigate cinguettatrici da karaoke.

Mia madre mi ha insegnato tutto. Da lei ho imparato a essere femmina. Da mio padre a non essere maschio.

Durissimi gli anni passati in strada, indipendente e ribelle, di notte a battere, per mettere da parte tutti i soldi che servivano per l'operazione. Alla fine ce l'ho fatta, mi sono operata, via quel cazzo di cazzo... sono diventata una donna, una vera donna da urlo! Cazzo, se non è rock questo!?

Mi chiamo Brigida, per gli amici Brì e basta.

Canto, sono libera, libera come nessuno. Libera con il mio vangelo del suono in gola, tra le corde della chitarra che vibrano come i baffi di una pantera in cerca di prede.

Libera come la terra che trema e scassa tutto. Magnitudo 6 e crolla il vecchio castello. Magnitudo 7 e non ci rimane più niente, solo l'urlo di tutti i bambini insieme. Io?

Io ho altro da fare.

Ho altro da fare, sì. Lezioni di pianoforte con mio padre. Lui jazzista da pianobar, io creatura fuorischema…

Ho altro da fare, sì. Lezioni di pianoforte con mio padre. L'unico uomo che mi ha rispettata nel salto. L'unico uomo che non ha mai visto niente di sbagliato in me.

Grazie papà di non essere stato un metallaro, di non aver avuto tatuaggi sul vuoto, di avermi lasciato libero di diventare libera.

Cazzo, se non è rock questo!?

9/ Lei va oltre

Wrooom!

Bella bella, da bambina tutti mi dicevano bella bella. Per me era solo un suono, una parola senza senso. L'unica cosa di cui m'importava davvero erano gli occhi di Filippo, azzurri, ma forse anche un po' verdi, comunque bellissimi. Ci sono cresciuta dentro quegli occhi.

Filippo è mio cugino, correva forte, a 20 anni aveva già vinto un sacco di coppe. Sulla moto era un dio, pelle nera, striature di giallo rosso azzurro.

Io ero lì, per le corse sì, ma solo per le sue!

Lui era lì, per le corse sì, ma solo per le sue! Per lui non esisteva altro. Se volevi entrare nel suo mondo dovevi entrarci in moto, correndo. E così feci.

A 18 anni, avevo già vinto un sacco di coppe. Non più di lui, ma c'erano. La sfida tra me e Filippo era aperta. In gara eravamo 7 a 9: sette sfide vinte da me e nove da lui. Io, la sua sfidante numero uno. Nessuno più di me lo aveva battuto in corsa. Nessuno più di me, da temere in gara. Sono una che va oltre, non mi fermo davanti a niente. Ciò che voglio lo voglio e basta, me lo prendo afferro strappo.

E così feci con mio cugino.

Poche parole, di corsa, l'acceleratore stretto nei guanti di pelle rossa, *wrooom!* Si parte, capelli biondissimi mesciati fucsia e giallo, lo voglio! Siamo in pista, allenamento, stessa scuderia. Io corro, lui corre, sembriamo due stalloni in gara per una femmina pazzesca. Sono io la femmina. Lui ancora non lo sa... Filippo accelera, io di più. In corsa, lo affianco, le nostre moto quasi si toccano. La punta fucsia dei miei capelli quasi gli sbatte in faccia. Mi guarda, sorride, scuote la testa come per dirmi che sono pazza. Poi sgomma forte, impenna, si alza sulla ruota posteriore e lo vedo sfrecciare come un pazzo. Io pazza di lui, lui pazzo di velocità.

Pazzi.

Oggi soli, negli spogliatoi non c'è nessuno, solo noi due. Lui è già sotto la doccia. Entro nel primo box libero, l'acqua inizia a scivolarmi addosso. Filippo fischietta Mihail "who you are?", idem, siamo connessi, lo sento. Testacoda. Inversione. Sono pazza, giudicatemi come cazzo vi pare. Chiudo l'acqua, esco, apro il suo box, entro. Mi guarda, sorride, continua a fischiettare. Vuole farmi credere che per lui è tutto sotto controllo che questa mia brusca accelerazione può essere facilmente gestita superata. Ma ciò che non riesce a controllare è la sua erezione. Lo guardo negli occhi e poi guardo giù, lo afferro, è mio, cazzo! Finalmente.

Bella bella, da bambina tutti mi dicevano bella bella. Per me era solo un suono, una parola senza senso. L'unica cosa di cui m'importava davvero erano gli occhi di Filippo, azzurri, ma forse anche un po' verdi, comunque bellissimi. Ci sono cresciuta dentro i suoi occhi.

Mi avvicino ancora di più, i nostri corpi si sfiorano. Oggi nessuno dei due vuole sorpassare l'altro. Nessuna sfida. Qui la corsa si ferma e riparte più veloce che mai. L'acqua ci scorre addosso, due ruscelli che diventano un unico fiume, di desiderio. Avvicino le mie labbra al suo mento, lo bacio lentamente, tanti baci, collo clavicole spalle. Le sue mani mi afferrano, mi stringono i fianchi. Ci guardiamo ancora, io persa nei suoi occhi azzurri forse anche verdi, lui nei miei, ora pieno di voglia. Mi stringe a se, più forte, poi mi spinge giù. *Wrooom wrooom!* Mi ritrovo faccia a faccia con un'impennata pazzesca, con una corsa selvaggia e tutta la sua potenza. Non mi tiro indietro, senza esitazione apro la bocca... le mie mani s'incatenano ai suoi polsi: un pompino da schiava, *wrooom!* Stiamo di nuovo correndo assieme, ma sono io a guidare, la corsa la comando io. Poi smetto, decelero, mi fermo, alzo lo sguardo, i suoi occhi si arrendono. Filippo si è arreso. Ho vinto un'altra corsa, la più forte di tutte, le altre non sono più nulla, perché questa l'avevano solo preparata.

Abbiamo fatto l'amore che non avevamo mai osato dirci. Un sesso oltre, furioso, come due moto bollenti che si sfidano in piena corsa. L'ho avuto dentro di me, caldo duro forte. Ho sentito i suoi muscoli, tutti sul mio corpo, tutti bagnati d'acqua e sudore. La sua pelle attaccata alla mia. Le sue labbra cercare tra le mie cosce, correre lungo l'addome e scurvare sui seni. Pazzesco!

Piove, piove sui nostri corpi arresi sfiniti. Piove tutto il cielo di ieri e di oggi, gocce di desiderio, pioggia scritta nel nostro destino.

Wrooom! Qui si corre e mai per fermarsi.

10/ Ho bisogno di te

Nessuno ha mai saputo raccontarmi il passato.

«Ho bisogno di te» mi disse, un attimo prima di sparire per sempre dalla mia vita.

Avevo cinque anni. Sono le ultime parole e l'ultimo suono che ricordo della voce di mio padre. Poi più nulla. Sparito!

Nessuno, nessuno ha mai saputo raccontarmi il passato.

Mia madre piangeva.

Mia nonna, la madre di mio padre, piangeva.

Mio nonno, il padre di mio padre, imprecava al figlio di puttana che ci aveva lasciati tutti così, un pomeriggio d'autunno, al crepuscolo, quando la salsedine e l'umidità del mare sembrano prendere il sopravvento su qualsiasi emozione, su qualsiasi pensiero. Su noi e le nostre storie, ancora più corrosive e senza risposte.

Mia nonna, la madre di mia madre guardava lontano, con uno sguardo grigio, severo, e allo stesso tempo carico di speranza, come se aspettasse che da un momento all'altro il marito di sua figlia potesse tornare, tornare da noi. Tutti molto più soli.

Mia nonna era perdutamente innamorata di lui. L'ho scoperto crescendo, ascoltando, guardando vecchie fotografie che fissavano attimi senza dubbi, preludio a tutto ciò che sarebbe accaduto...

Mia madre non ha mai saputo niente, mai, nemmeno forse sospettato di sua madre e mio padre. No, mia madre era una donna pura. Lei come me da bambino, ha continuato a non capire per tutta la vita, a non capire perché sua madre avesse pianto così tanto e tanto a lungo.

Mia nonna era vedova. Il tempo di qualche bacio, di qualche notte d'amore, di fare un figlio. Due anni dopo il matrimonio, il cancro aveva distrutto tutti i suoi sogni, la sua forza, il rispetto.

Mia nonna, la madre di mia madre, a soli ventitré anni si ritrovò sola, con una bambina che piangeva. Lei, ancora troppo giovane per capire cosa fare e come fare, finì presto per cedere alle promesse di tutti gli uomini che le offrivano un'illusione. La sua vita è stata dura, dura come la vita di una puttana che non sa di esserlo, ma di fatti lo è perché ci campa.

Mia madre aveva sposato mio padre, innamorata come un'ostrica della sua perla. Per caso che non è mai un caso veramente, si erano conosciuti al porto. Lui scaricava il pesce fresco. Lei stava lì, aspettava di poter scegliere le vongole più belle. Nell'attesa giocava, si divertiva a mettere le dita tra le pannocchie ancora vive che sembravano voler arrampicarsi sulla mano per rituffarsi in mare e riavere la libertà perduta.

Mia madre, quel giorno al porto, perse la libertà e molto altro, proprio come quelle povere bestioline di mare. E poi non si torna più indietro.

No, non si può tornare indietro, quando abbiamo talmente bisogno di qualcuno da non poterne fare a meno.

No, la vita non ci rende sempre le cose facili, anzi quasi mai.

Mio padre non era un uomo, era un animale feroce. Quando è sparito non ci è mancato il suo affetto, piuttosto il suo ringhiare, la sua voce prepotente, le sue mani che ferivano come due pale d'acciaio, senza pietà, senza nessuna pietà.

Mia madre, sua moglie, picchiata.

Mia nonna, la sua amante, picchiata.

Io, suo figlio, picchiato. Sì, picchiato perché vedevo mia madre sanguinare e mia nonna trascinarsi come una vecchia seppia stanca, del mare, dell'acqua, della vita, di tutto.

Stanca di tutto sì, ma non di quell'uomo che era anche il suo amante e che la faceva illudere di avere ancora un uomo, un uomo al suo fianco, un uomo per la vita. Un uomo che l'amasse, proprio come qualsiasi altra donna.

Mia nonna, non era una donna come tutte le altre.

Mio padre non era un uomo come tutti gli altri papà.

Mia madre?

Mia madre aveva bisogno di entrambi.

Da bambina la prendevano tutti in giro. Troppo semplice, forse un po' ritardata, parlava lentamente, era buffa, con gli occhi rotondi come quelli di un gufetto. Sì, mia madre era down.

Mio padre le prese insieme, come in un unico pacchetto. Ubriaco picchiava e violentava mia madre, e poi passava il resto della notte a sfogarsi con mia nonna. Che c'era di meglio? Una giovane vergine deficiente e una vecchia puttana che non aveva più niente da perdere.

E io? Nessuno ha mai saputo raccontarmi il passato, perché non c'era bisogno di farlo. Ricordo abbastanza bene tutto, ogni particolare, ogni scena, ogni sera, ogni notte. Sì tutto.

Quando mio padre sparì, sparì anche la sua voce e quelle ultime parole senza senso che non avrei voluto mai ascoltare. Parole vuote, false, dolorose. Parole ferite. Parole piaghe. Parole nulla.

Io?

Io non ce l'ho più un padre. Non l'ho mai voluto avere. Non voglio pensare che un giorno potrei ritrovarmelo faccia a faccia, mai di poterlo incontrare di nuovo. Lo odio, mia madre è morta di dolore. Mia nonna vive più misera di prima.

Io? Io ho bisogno di te.

Sono un orfano, sempre vicinissimo a chiedere a chiunque: ti prego fammi capire che cos'è l'amore?

L'amore? Nessuno sa spiegarmelo. Nessuno ha mai saputo raccontarmi che il passato costruisce il presente.

Mi chiamo Marco e sono felice con Luca.

Nessuno dei due picchia l'altro.

Nessuno dei due sparirà con l'ennesima bugia.

11/ Il patto dell'olio

Fino a qualche giorno fa ero vergine. Come me altre ragazzine della mia età. Piccole, ricordi da bambina, ancora con le bambole in mano, vicinissimi, appena ieri. Scuola casa giochi, faccende domestiche e qualche occhiata al ragazzo giusto per te. Insomma vita da femmine. Ci siamo ritrovate tutte nello stesso posto il giorno dell'unzione, profumatissimo. Olio extravergine di oliva, piante secolari, da sempre usate unicamente per il "patto dell'olio".

Ho 14 anni, vivo in un paesino siciliano che sembra un pezzo d'altro mondo. Da sette secoli qui le ragazze, le future femmine cioè, devono passare attraverso un'usanza che di madre in figlia non s'interrompe. Che di femmina in femmina tutte ci accomuna, ci marchia, ci cambia. Un passaggio verso una sponda della vita che appare misteriosa, incomprensibile, ma carica di desiderio. Dopo non si torna indietro.

Salvatore era in strada. Quando sono uscita di casa con mia madre, mia zia e mia nonna, fuori, c'era una piccola folla sorridente e festosa. Mi hanno gettato addosso fiori d'arancio. Fiori bianchi, intensi, alcuni rimasti tra i miei capelli come la corona di una santa. Gli stessi fiori delle spose. Mi sono voltata cercando lo sguardo di Salvatore, era lì. Lui 17 anni, già ometto. Mi ha fatto l'occhiolino, mandato un bacio silenzioso che ho afferrato tra i tanti volti, tra le tante voci. Dall'auto tutto sembrava sfuggirmi, le voci si allontanavano fino a restare solo piccoli corpi agitati. Salvatore fermo in mezzo alla strada, un punto nero, una camicia bianca.

Siamo arrivate al vecchio castello. Oltre la nostra, una decina di auto parcheggiate. Più o meno il numero di tutte le ragazzine della mia età che vivono nei dintorni. Tra paese e contrade. Anche qui l'accoglienza mi è sembrata festosa. In una stanza carica di arazzi e scene cavalleresche, ho incontrato tutte le altre. Tutte un po' spaventate, impreparate e come me, verso l'ignoto. Qualcuna piangeva, le più bambine. Qualcuna si atteggiava a gran donna, le più femmine. Altre come me, solo in attesa. Arrese a un destino inevitabile, con qualche carezza della nonna, qualche parola rassicurante della zia e mano nella mano con mamma.

Mi chiamo Rosalia, sono una campionessa alla play station, faccio più goal io che tutti i compagni di mio fratello Calogero. Mi chiamano "a' ronalda", quando parte la sfida, parecchi di loro o quasi tutti si toccano tra le gambe. Le mani piene di scaramanzia puntualmente delusa dai miei furbissimi goal. La mamma mi dice sempre che dovrei stare lontano dalle cose da maschio, ma io sono una che fa di testa sua. I suoi tempi erano altri, i miei sono ora.

Arrivato il giorno del "patto dell'olio" il tempo si ferma, sento che tutto intorno a me è improvvisamente riportato in un'altra epoca. Non ora, nessuna possibilità di oggi, ma solo ieri ieri ieri...

La zia Carmelina ha capito. Lei ha 23 anni. Ci è passata prima di me, da poco tempo in fondo. Serba ancora vivi nella memoria i momenti prima, quelli dopo e soprattutto durante. Nessuna di noi può tirarsi indietro, sarebbe una maledizione per lei e la sua famiglia. Chi ha provato a ribellarsi, Antonia, è stata cacciata dal paese. Costretta a vivere altrove, all'inferno, a Milano…

La storia di Antonia, è una storia di infelicità. È una storia che manca della benedizione di Dio anzi che ne è senza. Lei non sarà mai una vera donna, mai una moglie, mai una madre. Ha rotto il "patto dell'olio". La sua famiglia è stata colpita dalla carestia. Sua madre è morta. Suo padre alcolizzato vive come un barbone per le strade di Catania. I suoi fratelli tutti rovinati dalla droga, dalla delinquenza, da donne sbagliate come lei.

«Cosa mi chiedete di fare? Mi fate schifo tutti quanti! Io non farò mai una cosa del genere, nessuno può decidere per me... nessuno può usare il mio corpo per continuare a scrivere una tradizione che non condivido! Che si faccia da sempre o meno, questo non m'interessa. Io sono libera e non m'impedirete di vivere la vita a modo mio.»

Gli uomini si riunirono, le donne piangevano in casa. Ci fu un momento di smarrimento sociale. Il paese e le contrade sembravano di colpo diventate terra di nessuno. Il prete chiedeva preghiere, processioni, espiazione. La violazione del sacro "patto dell'olio" avrebbe portato disgrazia, non solo sulla famiglia di Antonia, ma su tutto il paese, su tutta la popolazione. A un certo punto, gli uomini si ritrovarono nella grande sala del castello. Tutti d'accordo, dopo tre giorni di grandi discorsi, di consulte, preghiere e sante messe. L'età del "patto" venne abbassata. Così facendo nessuna poté più ribellarsi.

Sottomettere una puledrina è molto più semplice che farlo con una giovane cavalla sbizzarrita.

Le donne, in un primo momento dissentirono, cercarono la via della protesta. Ognuna nei propri letti cercò di convincere il marito che quella scelta era sbagliata che non si poteva portare al "patto" delle poco più che bambine. Gli uomini tacquero il "patto" era stato di nuovo suggellato. Il prete diede la sua benedizione solenne in una messa a cui nessuno mancò. La pace di Dio era di nuovo sul paese. Negli ultimi quarant'anni il "patto" è stato rispettato.

D'estate arriva tanta gente. Tedeschi, inglesi, americani e da poco anche cinesi e giapponesi. Che bella l'estate. Con tutta la gente nuova che arriva, il paese cambia faccia, sembra che le vecchie cose si facciano nuove. Che tutto venga dimenticato, lavato e steso ad asciugare come la biancheria sui fili tesi tra un balcone e l'altro, alternandosi con i gerani fioriti rossi bianchi fucsia rosa.

C'è lavoro per tutti. Chi affitta stanze, chi vende l'olio buono, chi i pizzi, le ceramiche, i formaggi. C'è chi canta, chi balla, chi si ubriaca per le stradine. Chi amoreggia con le turiste e poi litiga con la fidanzata che gli terrà il broncio per tutta l'estate. Ma poi si sa i maschi come sono. E le femmine? Chi, di nascosto, si prende una cotta per qualche bel ragazzo che poi ripartirà per una città troppo lontana per essere raggiunta finanche dalla fantasia. Meglio non pensarci più, altrimenti salgono strane idee e finisci a Milano.

È lì che forse vive ancora Antonia. Troppo lontano per pensarci. Oggi avrà sessant'anni. Come sarà la sua vita? Si è sposata? Ha avuto figli? Come vive una donna sola in un mondo che la guarda strano? Avranno saputo tutti la sua storia. Le notizie e le malelingue hanno gambe veloci, figuriamoci all'inferno. Quant'è grande Milano? Lì ci saranno sicuramente altri patti da rispettare, regole a cui è impossibile poter dire di no.

Ecco, ora tocca a me. Una signora mi tende la mano, ha un enorme anello con una pietra rossa brillante. Sarà la padrona del castello? La regina di questa stanza? Mamma mi spinge verso di lei, faccio qualche passo indietro. La nonna si china su di me e mi bacia la fronte, m'incoraggia ad andare; guardo zia, le lacrime sul suo volto mi dicono molto più di qualsiasi altra parola o gesto. Mamma all'orecchio mi sussurra: «Ti voglio bene, bambina mia...». La mano col grosso anello stringe forte la mia, anche se volessi fuggire sarebbe impossibile svincolarsi dalla presa. Sembra che tutte le donne del paese mi abbiano afferrata. Che tutte le loro mani mi tengano stretta e mi stiano accompagnando verso un destino inevitabile. Tutte loro, tranne Antonia.

Nella stanza ci sono altre due donne. Mi spogliano, mi avvolgono i capelli in un asciugamano di lino morbidissimo, iniziano a ungermi il corpo. Sento l'odore fresco dell'olio nuovo che profuma tutta la mia pelle. Una bella sensazione, una carezza, un brivido sconosciuto sale tra i miei piccoli seni, tra le cosce, lungo la colonna vertebrale. Mi sento un'altra, in me qualcosa si sveglia, qualcosa si affaccia a un mondo ancora inesplorato.

Sono unta. I capelli neri lunghissimi, di nuovo sciolti, liberi. Completamente nuda, solo una mascherina di seta nera sugli occhi. Le donne mi guardano, sorridono. Loro sanno qualcosa che io non so. C'è ancora qualcosa da scoprire? La signora con l'anello, rimasta lì muta a guardare, mi prende per mano, sembra più dolce ora, più leggera la sua stretta. Apre una porta, c'è un'altra stanza. Vedo subito un grande letto, ai piedi del quale stanno tre sedie e tre uomini seduti di spalle. Mi tremano le gambe, le mani, mi volto verso di lei, mi sorride: «Non aver paura Rosalia, qui nessuno ti farà del male...». Posso fidarmi? Devo. Le donne della mia famiglia mi hanno accompagnata fin qui.

La signora mi porta davanti a loro, li conosco tutti. Alfredo il figlio del macellaio, Giovanni il figlio del medico e Renato il fratello maggiore di Salvatore. Nessuno di loro ha più di quarant'anni. Nessuno di loro è brutto. Nessuno di loro può riconoscermi.

Non parlano. Vestiti da uomo, camicia bianca e pantalone scuro. Mi ricordano Salvatore lì in mezzo alla strada, il suo bacio silenzioso e l'occhiolino come a dirmi va tranquilla che prima si risolve tutto e prima saremo noi due, liberi di amarci.

«Scegli uno di loro, gli altri due non li vedrai più.» La signora mi chiede di fare una scelta, perché? Scelgo Renato, è un brav'uomo. Salvatore me ne parla spesso. È suo fratello maggiore, sposato con Anna, una donna bellissima. Gli altri due si alzano, escono dalla stanza. La signora guarda me, guarda lui e dice: «Il patto sacro dell'olio si consuma fino alla fine, resta qui in silenzio, chiuso in

questa stanza. Nessuno saprà mai, ma tutti lo vedranno sbocciare...».
Esce, ora sono sola. Sola con un uomo.

...

Quel pomeriggio, di qualche giorno fa che mi sembra già passato da un secolo, Renato è stato il mio olio sverginatore. La mia benedizione e con me, per tutti. Tutta la mia famiglia, i miei paesani, per la terra, per l'acqua, il vino e l'olio. Ora sono una donna di questa piccola società. Ora posso guardare fiera negli occhi di Salvatore, vederlo come direzione, come futuro, come amore.

Renato è stato dolce. Mi ha teso le braccia, mi ha accarezzata restando seduto. La sua bocca si è posata sulle mie mani, baciandole e altri baci sulla mia pelle profumata d'olio d'oliva. Mi ha attirata lentamente a sé, tra le sue cosce, faccia a faccia. Un bel viso, proprio come Salvatore, stessi lineamenti, ciglia nere, occhi scuri, labbra carnose. Quando mi ha baciata sulla bocca ho avuto la sensazione di essere diventata più grande che Salvatore mi stesse baciando da uomo e io come una donna. Poi Renato si è alzato, mi ha presa tra le sue braccia e si è avvicinato al letto. Mi ha stesa sulle lenzuola bianchissime, si è tolto la camicia e si è allungato al mio fianco.

«So che presto sarai di Salvatore, ma mi raccomando che resti un segreto tra noi... bagnerò le lenzuola con del sangue di gallina, faremo finta di aver consumato il "patto", così mio fratello potrà averti vergine e il vostro amore sarà intatto. Resterà il nostro segreto per la vita. Rosalia, ti ho riconosciuta dai capelli. Ogni volta che vi incontrate per strada, dopo, Salvatore non fa altro che parlare dei tuoi capelli.»

A quel punto mi sono tolta la mascherina di seta nera. Mi sono avvicinata ancora di più al suo volto, l'ho guardato negli occhi, le mie labbra quasi a sfiorare le sue: «Un patto è un patto, non voglio tradirlo con del sangue di gallina! Fai quello che devi fare, io appartengo a questa terra, a Milano non ci voglio andare!» Renato ha sorriso, mi ha fatto un'ultima carezza dolce, comprensiva. Poi mi è venuto addosso baciandomi in un modo completamente diverso da prima. Ho sentito il sapore del suo corpo, la sua carne entrare nella mia. Mi ha sverginata e il sangue era proprio il mio.

Salvatore e io ci siamo sposati otto anni dopo. La benedizione di Dio non mi ha tradita. Sono nati due gemelli maschi, belli come il padre, entrambi con i miei stessi capelli. Loro un giorno saranno degli sverginatori. Nessuna donna della mia famiglia ha mai tradito il sacro "patto dell'olio". Se avessi avuto una femmina l'avrei accompagnata al castello, proprio come fece mia madre con me e mia nonna con lei e mia zia.

Le donne della mia famiglia hanno tutte versato la giusta quantità di sangue.

Sono rimasta una campionessa di playstation, senza andare a Milano. I goal li faccio da qui. La mia vita è qui, come donna, mamma, moglie. Nei prossimi giorni mi prepareranno per fare la "signora dell'unzione", quest'anno tocca a me accompagnare le bambine, sarò io a portare l'anello col grosso rubino... ho già incontrato tutte le famiglie, le madri e i padri. Ho già scelto tutti i giovani maschi sverginatori.

Il "patto" non si rompe. L'unica che l'ha fatto qui non c'è più. Ho saputo che Antonia è morta qualche anno fa, si dice di tumore alle ovaie. Viveva sola con un cane, è morta sola come un cane.

Noi due, Salvatore e Rosalia, a Dio piacendo, invecchieremo insieme. Il nostro piccolo ristorante passerà ai nostri figli e così...

Vista da fuori questa mia storia potrebbe sembrare strana, inquietante. Fuori dal mondo. Per certi versi lo è. Ma la vita, le usanze, le credenze popolari, il sacro e il profano, sono in un continuo mischiarsi e camminare nel tempo. Oggi c'è la processione dell'olio nuovo. Sarà benedetto dal prete e assaggiato da tutti. Quello che servirà per il "patto" sarà conservato da ogni famiglia, una bottiglia speciale in ogni casa. In tutte le case, con o senza ragazzine. Tra due settimane, tutto l'olio sarà messo in un unico contenitore, una per volta le donne adulte vi si ungeranno le mani. Tutte insieme ungeremo le vergini, tutte unite accoglieremo le nuove donne. Nessuna di noi resterà mai sola, siamo tutte sorelle unte nell'olio nuovo. Tutte vergini il cui sangue non sarà mai confuso a quello delle galline.

12/ Ombra

Mi chiamano Ombra e sono convinto di esserlo. Ne vedo tante come me, ma io sono l'unica ad avere un corpo, una vita. L'unica ombra ad avere una storia da raccontare. Non ho un altro nome e anche se ci fosse, oggi, sarebbe tardi per impararlo. Troppo tardi. Sono un'ombra e basta.

La mia storia inizia con zio Giuliano, il fratello di mamma, sposato con zia Clara che di lavoro fa la cassiera in un supermarket messicano. Costretta a tenere un sombrero in testa tutto il giorno o quasi dieci ore. Insomma durante tutte le ore di lavoro, e poi finisce che se lo riporta anche a casa. Zio Giuliano? Lui è il messicano! Nel senso che sta lì, in bella mostra all'entrata, ad accogliere la gente che entra nel negozio, facendo finta di essere una specie di pistolero. Anche lui con un gran bel sombrero colorato in testa e un finto geko di gomma che sembra muoversi e ci cascano tutti. Ovviamente tutte le bagonze, tutte le troiettine e soprattutto le trans, tutte impazziscono per lui. Non per il geko, ma per zio Giuliano, cuore sconosciuto. Alto, baffo nero treccia nera, fisico muscoli tatuati, faccia sorriso strafottente da incantare pure un cobra. Un gran figlio di puttana. Senza offendere nonna Clo che era una signora d'altri tempi, sempre vestita a fiorellini e mai uscita di casa senza ombrellino. Uno per ogni stagione, sempre all'ombra. Da piccolo guardavo gli ombrellini di nonna Clo e sognavo.

Sognavo con l'ombrellino viola, di essere una ballerina sul palcoscenico più grande del mondo. Ballavo e volavo sopra ogni cosa. La scena, il dramma, l'insieme, tutto molto lontano.

Sognavo con l'ombrellino giallo, di partire per un viaggio lunghissimo, talmente lungo da non aver bisogno del biglietto di ritorno. Un viaggio e sole per tutta la vita.

Sognavo con l'ombrellino rosso, di correre libero incontro all'amore e dall'altra parte zio Giuliano che sparava al cielo e a tutti gli ostacoli frapposti tra noi e la felicità.

Sognando, andavo così lontano che mi era difficilissimo tornare indietro. Sognando, era tutto il resto che si trasformava in una nebbia di ombre che perdevano nomi e volti e vite. Sognando, zio Giuliano diventava sempre più grande, sempre più unico, sempre più necessario. E io ombra tra le ombre, io in cerca di uno sguardo, in attesa di una mano complice che mi afferrasse per trascinarmi fuori dalla nebbia. Fuori dall'invisibilità. Sognavo, rischiando di rimanere all'ombra dei sogni. All'ombra di tutti, di tutto. All'ombra della vita che per strapparle un raggio di visibilità devi lottarci fino all'ultimo respiro. All'ombra di zio Giuliano che al mare mi garantiva un posto sicuro dietro la sua gigantesca figura.

Al mare zio Giuliano era il mio sole, il mio fresco, la mia meta. La mia oasi d'amore. Cercavo in tutti i modi di stargli sempre vicino. Zia Clara diceva che eravamo come un cagnolino col suo padrone. Al mare, quando il suo corpo mi sfiorava, la sua pelle contro la mia. Mi sentivo improvvisamente in contatto con una fonte di piacere che era scoperta sfida e maledizione. Sì piacere e distruzione. Sì tutto, e subito dopo il baratro, l'inafferrabile, l'impossibile. Zio Giuliano era di zia Clara. Chiunque fosse andato oltre, si sarebbe trovato faccia a faccia con i denti di una tigre, la forza di una leonessa e la furbizia di una pantera.

Nonna Clo raccontava a tutti delle sue avventure nella giungla e di quella volta che si era trovata di fronte un giaguaro affamato: «Serve una pelle resistente. Viaggiare non è per tutti, ci vuole una bella dose di coraggio. Si fanno incontri che non avresti mai programmato e nella maggior parte dei casi non puoi tirarti indietro.» Nonna Clo raccontava anche di essere allergica al sole e per questo stava quasi sempre all'ombra. In realtà era solo un vezzo, un modo per distinguersi. Non voleva assolutamente somigliare a Cocò quella sfacciata francese. Sapete chi è, no? Cocò Chanel la grande stilista parigina che aveva lanciato la moda dell'abbronzatura di ritorno da un viaggio alle Canarie. Nonna Clo non voleva sentirne parlare: «Per carità, non c'è una sola francese che valga le mani d'oro di un'italiana.»

Nonna Clo era una sarta sopraffina. Sapeva cucirti addosso qualsiasi cosa. Aveva disegnato tagliato imbastito e cucito lei stessa le divise messicane di zia Clara e zio Giuliano. L'unica che poteva mettere le mani addosso a zio Giuliano senza che zia Clara non facesse sceneggiate o sparatorie di parole impronunciabili. L'unica oltre me.

Poi, quel pomeriggio d'estate. Un'estate come tante altre, ma nuova. In acqua, tuffi e mille capriole. Zio Giuliano mi slancia per aria come fossi senza peso. Mi sento un pesce. Ora sono sulle sue spalle. Giochiamo. Vacillo, mi afferra e scivoliamo sott'acqua. Mi stringe forte. Sento la potenza delle sue mani, dieci mani decise a trattenermi. La paura mi fa aprire la bocca, il panico fa tutto il resto. Zio Giuliano tenendomi in braccio esce di corsa, mi stende sulla riva. Sono semi svenuto. Sogno e tutta la scena, il dramma, l'insieme, tutto si allontana. Sempre più lontano, da noi.

Nel primo sogno c'è zio Giuliano che sbatte la porta di casa e dice addio a zia Clara frantumata in lacrime.

Nel secondo sogno c'è zio Giuliano nudo davanti a me. Io, non più ombra, ma corpo alla pari, nudo come lui.

Nel terzo sogno sono vestito da sposa con zio Giuliano vestito da messicano. Io stretto a lui. Noi nel deserto caldo, al galoppo su un cavallo bianco, di corsa, come unica meta la felicità.

Sognavo, morivo o moriva altro di me. Altro sconosciuto pronto a lasciare il posto a una luce nuova. Una luce fuori dall'ombra…
Zio Giuliano iniziò a massaggiarmi, a fare compressioni, ma non reagivo. Istintivamente. Passò alla respirazione bocca a bocca, labbra labbra. Fu con il suo sapore che ripresi conoscenza. Singhiozzi, acqua salata, lacrime. Lacrime amare e dolci, lacrime di felicità e di smarrimento. Lacrime di sorpresa e di vergogna. Lui, il messicano. Lui, mi aveva baciato sulla bocca. Lui, le sue labbra sulle mie. Lui, il mio sole. Io, la sua ombra. Noi, ora, chi? Persi, completamente persi e spaesati, da oggi in un territorio di noi inesplorato. Un territorio impensabile. Il suo sguardo scuro nel mio, e io a supplicare perdono per essere causa di tanto naufragio. Io, deriva. Io, approdo sbagliato. Io, salvezza e perdizione. Io, bagliore. Io, cecità dell'amore.
Quella notte zio Giuliano venne nella mia stanza. Facemmo l'amore. L'amore forte. L'amore piangendo, ognuno asciugando le

lacrime dell'altro. Avevo quattordici anni ed erano già quattordici anni che l'amavo.

Mi chiamano Ombra e mi sono convinto di esserlo. Non ho un altro nome e anche se ci fosse, oggi, sarebbe tardi per impararlo. Troppo tardi. Sono un'ombra e basta. Non ho cambiato sesso, né il sesso ha cambiato me. Spesso mi chiedo se zia Clara abbia capito qualcosa. Non credo, lei mi adora, sono come un figlio e con zio Giuliano siamo sempre cane e padrone. Zia Clara sorride. Il messicano è ancora suo alla luce di ogni giorno. Ma quando arriva il regno delle ombre. Sono io, pantera o tigre, leonessa o vento.

Io, la sua Ombra, a tuffarmi nel suo cuore sconosciuto.

13/ Mio padre è una puttana

Mio padre non lo dirà mai. Non dirà mai le cose che già tutti sanno. Lo sanno i suoi nemici. Lo sanno i miei amici. Lo sanno le donne, le madri, le zie. Lo sanno i padri, lo sanno i fratelli e per molti di loro la vergogna è più grande della ribellione. Per molti di loro c'è un passato che è meglio non aprire, non guardare.

Mio padre il giorno del suo matrimonio con mia madre era bello come il sole, come la luna, come un dio greco o come una divinità egizia. Bello da far eccitare tutte le donne che avrebbero voluto il posto di mia madre nel suo cuore. Bello da far invidia a quasi tutti i giovani maschi del paese che aveva sedotto uno a uno, convincendoli a darsi al piacere diverso di un'ora, di una notte o di un attimo. Bello come tutto ciò che lo è talmente tanto da sembrare intoccabile, inarrivabile e invece poi così puttana…

In viaggio di nozze furono felici, molto felici. Mia madre era al centro del suo mondo di luce e poi completamente esclusa dalla sua realtà di tenebre. Lei non ha mai saputo o mai voluto sapere veramente.

Capri, un barcaiolo verso la Grotta Azzurra.

Siena, un fantino del Palio tra mille corpi sovrapposti.

Venezia, un gondoliere con l'acqua alta fino alla gola.

Istanbul, un massaggiatore dell'hammam.

Barcellona, un picador dell'ultima corrida.

Parigi, un giovane pittore a Montmartre.

Miami, un barman tra i tanti.

In viaggio di nozze, mia madre scoprì l'amore, scoprì il sesso con mio padre che dell'amore e delle sue menzogne sapeva tutto, tutti i segreti, tutti gli inganni, tutto da tacere. Mio padre che sapeva baciarla come si bacia una regina. Labbra carnose calde umide. Labbra che la facevano sentire desiderabile, unica, tutta. Labbra che prima o dopo di lei si sarebbero posate su altri, altre labbra, altri corpi. Altro sesso da consumare velocemente all'ombra della fiducia, all'ombra dell'amore o delle sue illusioni.

Le altre donne guardavano mia madre come a una femmina strana. Tutti sapevano. Tutte sapevano che molti loro mariti o fidanzati erano passati dal letto di mio padre. E non solo i padri anche i figli. Tutti sapevano che molti ragazzi del paese stavano al gioco e passavano per l'ufficio di mio padre, a pagamento o ben pagati in altro modo. Pagati per il piacere e per il silenzio. Pagati per il potere che tutto e tutti può comprare. Pagati per cosa? Per lavoretti di mano o di bocca e per i più trasgressivi tutto quello che non si poteva nemmeno pensare.

Pensare l'amore è come abituarsi al dolore. Pensare l'amore è trascinarsi dietro a un'idea che sfugge mentre tutto corre velocemente e diventa sempre più inafferrabile.

Sergio era il suo segretario personale. 24 anni, biondo, bello come un guerriero vikingo. Selezionato a Milano, laureato in management con almeno tre master legalizzati accelerati riconosciuti. Sergio era orfano di entrambi i genitori, viveva con una zia che aveva provveduto a tutto il suo futuro. Tutto finché non arrivò mio padre. Sergio viveva con noi, aveva una stanza tutta sua. Mio padre lo aveva accolto come un figlio. Mia madre lo adorava. Per me era come un fratello maggiore. Avevo 13 anni quando arrivò in casa e da allora non è più andato via… Io sì.

Un figlio molto particolare. Sergio era il suo posto sicuro, il corpo dove tornare dopo mille tempeste e mille tormenti. Sergio aveva ciò che mia madre non poteva dargli, ciò che cercava negli altri uomini e nei ragazzi. Sergio era sempre pronto a spogliarsi, a strusciare il suo corpo a un altro corpo. A godere dell'altro come di qualcosa senza un'anima.

Dai miei 15 anni ai 19, Sergio è stato il mio amante. Mi ha insegnato a baciare, a succhiare, a stringere forte e penetrare. Mi ha insegnato che cosa non è l'amore o che cosa può diventare quando l'altro è solo un oggetto da desiderare, da spogliare, da fotterci dentro. Poi sono andato via, li ho lasciati entrambi al loro mestiere.

…
Mio padre mi spiava quando facevo la doccia. Sentivo il suo sguardo. Sentivo il piacere di rubare al mio corpo frammenti di pelle

gemmati dall'acqua. Lo sentivo mentre sottraeva alla mia intimità fotogrammi di libidine clandestina. Piacere suo, inconfessabile.

Mio padre non lo dirà mai. Non dirà mai le cose che io so. Le cose che conosco da ragazzino e che hanno fatto di me un uomo senza nessuna voglia di amare, senza nessuna voglia di conoscere la bellezza di uno sguardo. Occhi bassi, cuore zero. Mi bastano pochi muscoli. Tutto ciò che c'è da conoscere dell'amore per me non è l'amore, è solo quanto basta per godere un'ora, una notte o un attimo in più.
Mio padre è stato ed è una puttana.

Mia madre ha avuto cinque mariti e con ognuno di loro un figlio. Tutti maschi tranne me. L'ultima dall'ultimo marito. Mi chiamo Zelsa, lo so… che cazzo di nome è? vi starete chiedendo. Appunto, un cazzo di nome e basta e non me lo chiedete più! Dei miei quattro fratelli conosco tutto. Tutte le loro stupidaggini a qualsiasi ora del giorno. Tipo, sputare nei calzini appena tolti dalla lavatrice, scemi. Tipo masticare senza aver niente in bocca, scemissimi. Tutto delle loro squadre di calcio con o senza scudetti. Tutto dei loro piselli che crescono. Tutto dei loro amori e degli sviluppi successivi. Insomma, se ne sfugge uno, ce n'è sempre un altro con diecimila cazzo di problemi da maschi! Per non parlare delle vite delle loro mogli e quelle delle loro amichette… classiche storiacce di amanti, sante e puttane e poco di buone conosciute in giro, tra birre e finte cene di lavoro.

Di Gianni però so più di tutti gli altri. Lui è il secondo, del secondo matrimonio ovviamente. Gianni è speciale. Quando sono nata lui aveva 9 anni, da subito ha deciso di adottarmi come la sua protetta. Saranno stati i miei occhioni neri? Saranno stati i miei boccoli biondi? Forse la mia vocina agli ultrasuoni? O forse più semplicemente, stufo di avere tra le scatole due mocciosetti gnà gnà gnà, come Piero di 5 anni e Kevin di 3, ha pensato che era meglio starsene con me innocente creatura sgambettante a urlare in culla. In realtà Gianni aveva bisogno di proteggere qualcuno, è sempre stato così. Fatto sta che a poche ore dalla mia nascita avevo già un mio, tutto mio bodyguard.

Prima di Gianni c'è solo Mario, 12 anni, figlio del primo marito di mamma. Suo padre, morto schiacciato sotto un container, si chiamava Ercole. Sfigato. Culturista fallito, con un sacco di debiti in giro per tutti gli attrezzi da muscolatura mai sviluppata e presto presto arrugginita. Mario è sposato con Magdalene conosciuta in un night club da quattro soldi. Lei si dimenava ai pali appesa come una tigre catturata dai bracconieri. Lui, al solito, incapace se non di ascoltare il suo uccello. Lui, più ubriaco di un ippopotamo ammollo nell'ora più calda della giungla. Amata al buio, lei nera, quindi invisibile. Lui sbronzissimo, cravatta verde fluo. Sposati quella stessa notte da un giudice di pace più strafatto di loro. Las Vegas? No, Amsterdam!

Comunque tutto regolare. Vi sembrerà incredibile, ma il matrimonio è riuscito da spettacolo e resiste al tempo a alle maree di alcool. Due bellissimi gemelli. Love, pelle nera e Cool, pelle bianca, maschi fino alla prima volta, poi gay a storie alterne.

Dopo di Gianni ci sono Piero e Kevin.

Piero ha un carattere di merda, di quelli che li vedi da lontano e già ti gratti le palle per allontanare le rogne che ti porterà nella vita. Vorresti dirgli "addio amico preferisco non conoscerti". Invece, il destino, molto più rognoso delle rogne solo immaginate, te lo fa diventare amico o ancor peggio ritrovare fratello. Piero vive a Padova, sposato con Maria, dichiaratamente una suora mancata. Lei vive solo per Sant'Antonio, di Padova appunto! Scopano più o meno tre volte l'anno, lontani da Padova e dal Santo. Più o meno d'estate ad agosto quando vengono a trovare mamma nella sua casa in campagna, a Cepagatti. È chiaro che la maggior parte di voi lettori non sa dove cazzo si trovi sto Cepagatti!? È un piccolo sorridente comune della Val Pescara in Abruzzo, la cui parrocchia è intitolata a Santa Lucia… e proprio Lucia si chiama l'unica bambina che sono riusciti a far nascere. Del resto con tre scopate l'anno e neanche tutti gli anni, è già un miracolo così. Lucia, dopo un'infanzia molto chiusa e taciturna (da capire con una mamma casa convento), si è laureata in scienze della comunicazione e, tra le percentuali assurde di quote rosa, in politica ci sa proprio fare. Piero dei miei fratelli è quello che ha la più vasta collezione di puttane (da capire con una moglie da tre botte l'anno). Lui e Maria hanno comunque trovato un loro equilibrio sessuale e sentimentale. Oddio forse sarebbe meglio chiamarlo calendario, più che equilibrio. Lucia, invece, nonostante i suoi successi professionali, è devastata da mille insicurezze, praticamente ninfomane: «Zietta, se non succhio almeno un cazzo al giorno sto male… non ci posso fare niente, sto MA-LE!»

Kevin inseguendo il suo nome, vive in California. Smarchetta con le tardone americane e si gode la bella vita. Per un periodo di tempo ha anche lavorato nel cinema, diceva a tutti di esser il nuovo James Dean. Poi ho scoperto che erano tutti film porno che comunque sempre cinema sono, ma zozzi! Kevin è l'unico dei miei fratelli che non è sposato. Lui non ha gli stessi problemi di gestione del calendario scopate che ha Piero, anzi forse il contrario. Vive in una grande casa fantastica a Malibù, con piscina e con tutto quello che riuscite a sognare. Diciamo che nel suo campo è il migliore, di conseguenza il più richiesto e richiestissimi tutti i suoi ragazzi. Kevin ha un agenzia di modelli, modelli speciali, tutti col pisello che sviluppa a dismisura. Fanno impazzire le donne, fanno impazzire le pazze, farebbero impazzire Lucia che ogni volta che litiga con la "casa convento" di sua madre, minaccia di trasferirsi a Malibù da zio Kevin. Quelli sono i momenti più dolorosi per Piero e la sua famigliola. Misteri dolorosi. Giornate in cui Maria sparisce. Si rifugia sulla tomba di Sant'Antonio e lì giace e dimora finché i frati non la invitano a sloggiare perché l'orario visite è terminato, pace e bene e amen. Giornate in cui Lucia non parla, non chiama, né si fa vedere. Piero, per non fare torto a nessuna delle due, non parla né con Maria, né tantomeno con Lucia… ma chiama e chiava puttane a più non posso, un po' perché nessuno lo controlla, un po' perché l'estate è lontana, un po' perché ne ha piene le palle della moglie e della figlia che se scopassero con regolarità starebbero molto molto meglio, in pace tra loro e con il resto del mondo. E su questo, mio fratello, ha ragione al 100%.

Altri due che scopano alla grande sono Love e Cool, i figli di Mario e Magdalene. Il giorno in cui hanno fatto outing, Mario ha spaccato tutti i mobili di casa, salvo poi scusarsi con moglie e figli e ricomprare tutto a rate per i prossimi dieci anni. Certo per Mario è stato un bel colpo. Due figli maschi, gemelli, già titolari nella squadra primavera del club di cui è sponsor. Due figli che a 12 anni gli dicono: «Papà abbiamo deciso che il cazzo è meglio della figa, e poi negli spogliatoi ce n'è quanti ne vuoi…» E lui: «Ma Love, Cool, almeno avete provato qualche tettina, qualche fighetta…?» E loro: «Certo papà che abbiamo provato, proprio per questo abbiamo deciso che ci piace di più il cazzo!» A quel punto Mario è partito. Magdalene ha provato a scosciare per farlo calmare, ma la tigre non è bastata. Saltate tutte le regole della giungla e del cemento Mario si è abbattuto sulla casa come un uragano alle 16:30. Non era neanche sbronzo o tirato di coca. Semplicemente partito e basta, casa distrutta. Magdalene urlava, Love e Cool scappati via e rifugiati per tre giorni da me. Li adoro. Ci sono voluti sette mesi per ricostruire la casa fuori e dentro. Sette lunghi mesi di lavoro e di lavori per riuscire a convincere Mario che poteva anche essere felice con due figli gemelli gay che lo adoravano come il più figo dei papà!

Ma veniamo a noi…

Se non vi ho ancora parlato né di me né di Gianni è perché noi siamo sposati. Cosaaaa!!? Una sorella sposata con suo fratello? Non ci posso credere, è assurdo, contro natura, contro morale, contro dio, contro tutti, contro sticazzi! Ecco appunto, fatevi i cazzi vostri…

Gianni? Che vi ho detto? A poche ore dalla mia nascita avevo già un mio, tutto mio bodygard. Ci sono cresciuta con Gianni, quando avevo 10 anni lui ne aveva già 19. Bello bello bello, il più simpatico di tutti, atleta, nuotatore, campione. Aveva già più di una stronzetta che gli girava attorno e sicuramente gli facevano impazzire l'uccello a turno, oh sì… ero gelosissima, quando non tornava a casa la notte, me ne stavo tutto il tempo a rigirarmi nel letto, a immaginare a occhi sgranati il suo corpo, il suo corpo intrecciato a quello di una qualsiasi troietta che me lo teneva lontano. Era lui che mi accompagnava a scuola, praticamente da sempre. Alle medie, non c'era amica mia che non mi chiedesse segretamente di lui. "Cosa fa? Cosa mangia? Quanto si allena?" E le più sfacciate arrivavano a chiedermi se lo avessi mai visto nudo, sotto la doccia, per casa, insomma informazioni da signorine in calore. Ovviamente negavo, ovviamente mi dicevo sorpresa, ovviamente facevo finta di arrossire. Cretine! Certo che una sorella che vive con quattro fratelli maschi più grandi di lei e coi piselli ancora più grandi di loro, certo che li vedevo nudi per casa, per doccia, per tutto. Sono mica orba! Ma Gianni era il mio preferito, Gianni mi aveva conquistata da piccola piccola. Gianni mi teneva in braccio, c'era da sempre nella mia vita. Ricordavo il suo bel viso e i capelli ricci a fargli da cornice, come la prima cosa che avessi mai visto. Mica mamma, mica papà, no, Gianni. Un grande amore. Ci siamo sposati lui 28 e io 19 anni. Non lo so perché il matrimonio, perché questa voglia di sposarci e di dire a tutto il mondo che volevamo una vita come qualsiasi altra coppia. Non lo so, certe cose non le puoi spiegare. Certe cose le vuoi e basta e se incontri qualcun altro che le vuole come te, allora sarà inevitabile. Il nostro primo bacio è stato in bagno a casa. Avevo 16 anni e lui 25. Ci stavamo lavando i denti, come tutte le mattine, attaccati l'uno all'altra, ridendo scherzando. "Guarda, sono abbastanza bianchi?" "Ho l'alito cattivo?" Il primo bacio e poi per quasi tutta una settimana non ci siamo più guardati in faccia. Mille domande, mille sensi di colpa… è questo l'amore? È questo che fa l'amore? È giusto che sia così? Poi, quel sabato pomeriggio. Rientro da un giro con le amiche e trovo Gianni seduto sul mio letto. Si alza. Chiudo la porta. Ci ritroviamo faccia a faccia. Occhi negli occhi, come fosse la prima volta, il primo sguardo, il primo appuntamento. Il primo e unico amore della mia vita…

Luisa, la nostra bambina è morta ieri. Leucemia fulminante. Una malattia che non perdona nessun peccatore, nessun innocente, nessuna famiglia sbagliata o giusta che sia. Nessuno. E così è stato per la nostra bambina. Oggi? Io sono qua, scrivo e piango, piango e scrivo. Ripercorro le storie di noi tutti, intrecciate, incasinate, ma piene di vita che c'è che ha ancora qualche possibilità per sbagliare o fare bene, per sorridere, giocare, amare. Gianni è nell'altra stanza, piange come un bambino. Piange come da bambini, quando piangeva con me, solidale, per farmi passare dal brutto al bello, dalle lacrime al sorriso. Piange e io non so più cosa fare.

Oggi, tutto questo non è più possibile.

15/ Solo, nel catrame

Questa città non mi ha mai fatto compagnia. Facce e murature un unico grigio esteso all'infinito. Senza espressione, senza respiro, niente spazi per l'incontro.

Solo, nel catrame.

Improvvisamente solo, al buio, nessun punto d'appiglio, nessuna possibilità di aggrapparmi da qualche parte. Un tanfo fortissimo di gas, catrame, combustibili... olio bruciato ovunque, fa caldo.

Scivolo. Le mie mani, tutto il mio corpo come fluido, come una foca nell'acqua. Le foche non esistono più, l'ultima è stata avvistata centinaia di anni fa.

Una caduta infinita? Non so rispondermi: è veramente una caduta o è l'unica strada per la salvezza? Continuo a scivolare. Giù giù giù, fin dove?

2758, le città non esistono più. Ormai lo spazio antropizzato ha preso il sopravvento sulla natura, non c'è angolo terrestre che non sia abitato. La superficie della Terra è talmente piena di gente che c'è chi vive sull'acqua, altri sotto, altri ancora più sotto dove fa caldissimo. Punto Z, così lo chiamano.

Le città non esistono più, perché tutto il mondo è un'unica città.

Non è un sogno da cui svegliarsi male. Non è un film visionario. Piuttosto un incubo allucinato che tutti ci contiene, senza vedere nessuno. Sì, per miliardi di gente la vita si è trasformata in un grande unico incubo planetario.

Sto scivolando, in realtà scappo, fin qui nessuno m'inseguirà. Una volta giù non si può tornare indietro. Questo è stato l'ultimo giorno in cui ho potuto ancora sperare di vedere il cielo, nero fumoso puzzolente, ma pur sempre il cielo degli antichi libri, dei poeti, degli uomini prima di me e delle ultime generazioni... prima dell'ultimo grande disastro.

Duecentocinquant'anni fa: 1 gennaio 2508. Tutto spento. Collasso energetico planetario, i grandi sistemi interconnessi in tilt. Tutto cancellato in pochi minuti: millenni di storia, di cultura, di vite. Da un momento all'altro non sapevamo più chi fosse l'uomo, cosa fossero le radici, la memoria, l'essere... la rete si è trasformata in una grande trappola che ha inghiottito il sistema, ogni informazione, ogni nome, ogni storia piccola e grande. Poi tutto è peggiorato, è arrivata l'oscurità, ognuno cercava di salvare se stesso. In un centinaio di anni è cambiato tutto dentro e fuori dagli uomini.

Dal Punto Z non si torna. Stai sotto sotto e ci resti finché crepi. Questo è il punto del non ritorno. Si dice che giù hanno tutti gli occhi rossi, ciechi come talpe, sporchi come maiali. Aggressivi come iene affamate. L'acqua non è acqua, il cibo non è cibo, niente è ciò che dice di essere.

L'amore non esiste più. Forse non abbiamo mai saputo cosa fosse veramente. Circolano ancora vecchie immagini sbiadite di simboli e personaggi religiosi, ma ormai nessuno sa più a cosa servissero prima. La più comune è quella di una donna vestita da regina con un bambino in braccio. Se chiedi a qualcuno chi sia, nessuno sa dirti niente. Dicono che solo quelli del Punto A conoscono la verità... ma cos'è?

Da chi scappo?

Scappo dalla vita e scappo per la vita. Stavo nel Punto X, lì ci potevamo ancora muovere. Quando aprivano i porti clandestini extrapunto riuscivamo a salire e a rubare un sacco di cose ai fortunati del Punto P che è ancora un paradiso.

Ho fatto un errore imperdonabile. Ho rubato alla gente sbagliata.

Hanno messo una taglia su di me, su mio fratello morto ammazzato, sulla mia famiglia e sui miei amici che ora non lo sono più.

Avevamo troppa fame. Erano mesi che non aprivano al contrabbando e dai canali scendeva pochissimo. Aspettavo e con me aspettavano tutti gli altri. Ho guidato io la spedizione. Siamo saliti nudi, unti, viscidi come serpi nel fango. Abbiamo preso quanto più cibo possibile. C'era un deposito, è stato facile, ma le cose facili nascondono sempre molti pericoli. Quello era un posto dove non avrebbe mai messo piede nessuno, apparteneva al clan dei Cobra3: spietati, assassini, cannibali...

Hanno masticato mio fratello sotto i miei occhi. Molti altri hanno fatto la stessa fine, bambini, donne. La vendetta è stata come scendere all'inferno, troppo vicino per non farsi male. Mia moglie, le mie bambine, stuprate a pochi centimetri da me, squartate come pecore. Cotte e mangiate come prede dopo una battuta di caccia.

Dicono che al Punto A ci siano poche decine di persone, lì è impossibile arrivarci. Siamo alla superficie dell'ultima bellezza rimasta, nessuno sa dove sia veramente, ma è bello poterlo pensare... è bello che ci sia almeno per qualcuno.

Sarà lì quello che chiamano Dio?

Solo, sono solo. Questa città non mi ha mai fatto compagnia. Sto scivolando verso il nulla, vorrei non pensare a tutto questo, a chi non c'è più, a chi non ha avuto il tempo di buttarsi giù e scivolare verso l'ignoto della vita che è pur sempre un'altra zattera prima dell'abisso.

Non so chi ha inventato questo mondo, nemmeno lo chiedo. Le cose stanno così oggi, c'è chi sta sopra e chi sotto e chi ancora più sotto sotto sotto. Dal Punto Z nessuno risale. Tutti gli altri? Ognuno sta nei suoi settori sempre più chiusi, sempre più inaccessibili.

Punto A. Alives, i sopravvissuti. Impossibile trovarli, come le ultime bolle di aria fresca. Sconosciuto, potrebbe esistere o non esserci affatto. Una specie di pensiero, di luogo speranza, di approdo dopo un naufragio eterno. Ho conosciuto un tipo cacciato dal Punto M, diceva di aver visto delle fotografie del Punto A. Pazzesco! Hanno la luce, riescono ancora a vedere il Sole, a sentirne il calore. Pare che vivano sospesi, orbitanti, fuori dalla superficie terrestre conosciuta.

Punto M. Mothers, le madri. Racconto una fiaba e tutto ti sembrerà diverso. Qui tutti parlano tra loro e sorridono. Qui hanno avuto gli ultimi alberi, l'ultima erba, gli ultimi fiori prima del grande nero che avvolse tutto. Questo è il punto della protezione, delle ricerche, della vita che ha ancora un senso. Questo è il punto in cui i bambini hanno ancora spazio per giocare e per essere tali. Si dice che da qui qualcuno venga chiamato a salire sul Punto A. Non ho mai conosciuto nessuno che ne sappia di più.

Punto P. Physic, i clan, uno contro l'altro, senza nessuna regola. Siamo già sotto l'antica superficie, non il mondo delle fogne, più giù. Da qui nessuna comunicazione possibile con il Punto M, tranne che per i fiumi di scarti che una volta a settimana scendono, impossibili da risalire ma pieni. Trovi di tutto. Tutto in contrabbando anche la vita che vale niente, anzi no, vale un pasto... e il prossimo potresti essere tu.

Punto X. L'incrocio definitivo prima della dannazione senza ritorno. Fino a ieri casa mia. Chi non ce la fa sopra, sta qui sotto. C'è chi muore solo e chi crea delle nuove famiglie che si aiutano tra loro. Abbiamo imparato a vivere con pochissimo, gli scarti che scendono dal Punto P sono sempre meno e la gente anche...

Punto Z. Ci sto arrivando. Domani potrò parlarvene meglio. Sì, c'è un domani anche all'inferno.

Solo, nel catrame.

16/ Suo cugino

Ho sempre pensato che i muri della città fossero come pagine scritte o da scrivere e che avrei potuto leggerci o scriverci di tutto: dall'amore all'odio, dall'amicizia alla solitudine, parolacce e parole gentili.

Finché un giorno non fui io a sentire il bisogno di scrivere qualcosa. Parole pesanti, sul muro, sotto casa di Caterina: "Sei una grandissima zoccola!"

Così ora sapete che Caterina è la mia ex. Ci ho messo non poco tempo, direi parecchio a capire che spompinava mezzo quartiere. Alla fine ho dovuto accettare la verità, i fatti sotto gli occhi di tutti, ma mi sono preso una bella rivincita.

Paolo e Caterina. Ci fu un tempo in cui eravamo la coppia più bella e promettente dei palazzoni. Siamo cresciuti insieme, a scuola dall'asilo, poi le elementari, le medie e cinque anni di superiori.

Il giorno della cresima sembravamo due sposini, qualcuno già mormorava su di noi, altri ci speravano, altri ancora ci ridevano alle spalle... ridevano soprattutto di me cornuto e di lei che s'atteggiava a signorina tienimi le distanze, invece era una che la dava a tutti compreso Mirko suo cugino, nonché il mio peggior nemico.

Dicevo, una bella rivincita, sì! Proprio come quando vieni a sapere che qualcuno che ti ha fatto del male ha ricevuto una lezione dalla vita che non dimenticherà tanto facilmente. Non ti dispiace affatto. Anzi hai finalmente la certezza che la giustizia divina esiste e fa il suo corso. Lento ma lo fa.

Ogni nodo al suo pettine. Chissà quanti ne avrebbe da contare il suo? Ci sono rimasto malissimo. Ho pianto per una settimana intera. Da sempre, da ragazzi, non c'era stato un giorno in cui eravamo rimasti senza vederci, senza la certezza l'uno dell'altra. Lei però, da grande zoccola, si era strusciata anche a tutti gli altri e io questo non l'avevo proprio capito.

«Dai su non fare così, sembri un ragazzetto mollato da una stronzetta qualsiasi...»

«Dai su non è niente, vedrai che ti passerà presto e ti trovi pure una bellissima femmina che ti fa dimenticare tutto!»

«Dai, un bel figo come te, ne trova quante ne vuole di fighette per scopare e cancellare le corna che quella gran mignotta t'ha messo per quasi vent'anni... possibile che non ti sei accorto di niente?»

«Dai, reagisci, è solo una storia! Presto ne arriverà un'altra e vedrai che tra qualche anno sarai di nuovo felice come prima e manco te la ricordi più questa stronza puttana che era meglio non averla mai incontrata, né da piccola, né da grande!»

A volte le voci degli altri ti entrano nella testa e diventano le tue voci. Pensi di non averne più una, ma tante, troppe e tutte contemporaneamente parlano parlano parlano. Vogliono dirti qualcosa, vorresti ascoltarle tutte ma non è possibile, soprattutto perché tu è a lei che stai ancora pensando. È lei il centro di ogni riflessione, di ogni pensiero, di ogni follia che si affaccia alla tua mente travolgendo il cuore e ogni vera possibilità di ragionare. Cercare una soluzione. La forza di allontanarsi da tutto questo prima che sia troppo tardi, prima di commettere l'errore di un gesto estremo...

Decidi di aspettarla sotto casa, dietro l'angolo.

«Cazzo, stamattina quando esce?»

Eccolo è lui, Mirko, suo cugino, il più gran figlio di puttana che io conosca. È lui che la tocca al posto tuo, è lui che la bacia che la spoglia che può guardarla tutto il tempo che vuole... è lui che la fa godere. È lui il tuo peggiore nemico ma anche l'uomo più fortunato del mondo.

Li ammazzo entrambi, magari aspetto il momento giusto. Aspetto che stiano avvinghiati l'uno all'altra, abbracciati, sicuri del loro amore. L'amore ci rende sempre immortali. Come se avesse il potere di proteggerci da qualsiasi cosa e invece ora sto di merda. Non sono più lo stesso. Non mi riconosco neanche più allo specchio, dimagrito di quindici chili, la barba da talebano, gli occhi scavati dalle notti insonni.

Non è da me, tutto questo non è da me.

Non avrei mai pensato di arrivare fino a questo punto che un giorno mi sarei messo a imbrattare muri con parole oscene. Che sarei arrivato a pensare cose come quelle che si sentono ogni giorno al telegiornale…

«Era tanto una brava persona.»

A volte ci convinciamo di sicurezze che sono lontanissime dalla verità, da ciò che ci sembra di capire. Finiamo per vedere la bontà e la bellezza lì dove non c'è altro che cattiveria e orrore.

Basta, me ne vado. Finché posso scegliere decido di andarmene da qui. Facessero quello che vogliono, è finita ed è meglio accettarlo. Del resto sono stato io a mollare, sono stato io a rifiutare di continuare ad amare una donna che in fondo conoscevo solo a metà o che probabilmente non ho mai conosciuto veramente.

Mirko è un vero stronzo, la farà soffrire. Questa volta sarà lei ad avere la peggio, sarà lei che dovrà amare uno sconosciuto. Sarà lei che dovrà sentire l'odore di altre donne sulla pelle di lui.

Cosa pensate?

Che sono stato davvero un povero scemo?

Cosa ne sapete voi dell'amore?

Per amore si accettano anche le cose peggiori e una delle più brutte è sentire l'odore di un altro uomo sulla pelle della tua donna. L'ho accettato per anni, fregandomene pur di avere Caterina al mio fianco... finché non ho sentito l'odore di Mirko, suo cugino, il mio peggiore nemico. Finché non ho riconosciuto un odore familiare, un odore di quelli che ti fermano per un attimo e ti portano altrove, da dove non vorresti più tornare.

Vi starete chiedendo perché? Perché tutto questo odio nei confronti di Mirko?

Non c'è un perché... c'è solo che io e Mirko ci siamo amati e Caterina non l'ha mai saputo.

Invece delle parolacce contro di lei, avrei dovuto scrivere questo sul grande muro dei palazzoni: "Mirko ti amo!"

17/ Nessun'altra

Solo la morte può separare gli amanti. Dividerli per sempre, impedirgli di toccarsi, di baciarsi, di sentire il brivido della pelle che aspetta la pelle dell'altro. Come l'aurora aspetta il sole per farsi alba e riscaldare il cuore dell'orizzonte che altrimenti resterebbe una linea anonima nel buio freddo. Notte. Nella notte ti cerco, nella notte non c'è altro che notte silenzio solitudine.

Nelle mie notti, tu, non ci sei, più.

Ti cerco ovunque. Non ce n'è una, ma sempre, o molte, o pochissime talmente rarefatte da sembrare un'unica faccia. La tua che mi rincorre da una vita. La tua che riconosco ovunque. Il tuo volto che non può essere sostituito da quello di nessun'altra.

«Mi aiuteresti a ricostruire la mia vita? Se ti va, aiutami da queste stupide buste della spesa che pesano come tutto il mondo, come tutto il cibo del mondo.» Il tuo sorriso mi avrebbe convinto a trasportare la Terra in un altro sistema solare. Mi avrebbe convinto che non c'era più nulla da chiedere al destino, da desiderare. La mia vita con te era piena, perfetta. La mia vita con te poteva essere vita fiore del campo.

Non ho saputo riconoscere la felicità.

Ho visto parabole di uomini e di donne allontanarsi da me. Nessuna con qualcosa da lasciare. Alcune voraci, altre estinte. Tu invece sei rimasta, lì, ad aspettare un destino che non è mai arrivato che non ha mai voluto riconoscerti l'amore portato in segreto e nel segreto vissuto. Maledette le cose, le famiglie, i giorni e le notti che mi hanno impedito di amarti. Maledetto ogni singolo momento che mi ha tenuto distante da te. Che non mi ha fatto credere fino in fondo al tuo amore.

«Mi aiuteresti a trovare la chiave del tuo cuore?»

Ho letto nei tuoi occhi la preghiera del bene cresciuto per me. Ricordo le tue carezze, quelle poche che ti ho permesso. Il calore delle tue mani sulle mie guance, come affetto inesauribile che continua ad accarezzarmi ancora oggi… ovunque tu sia, nutre il tuo amore, per nulla toccato dal tempo e dalle sue tirannie.

Quante volte si è spento in me il desiderio di un bacio? Troppe per esserne fiero, poche per ricordarne la dolcezza.

A occhi chiusi ho continuato a pensare a te, lì, sempre da parte, ma sempre presente. Un'amica degli anni, dei giorni, di ogni più piccolo momento. Di tanti bui mai illuminati.

Ricevo la vicinanza di un tempo che non mi appartiene più, accompagnata da abitudini stremate dalle negazioni e dall'amore che mi è sconosciuto.

Solo la poesia delle ore passate assieme può dirmi oggi del tuo amore, del suo devoto essere unico, del suo stare al di sopra d'ogni pietra scagliata per ferire la felicità. La gioia portata dai palpiti di una persona con te nel cuore, non può essere toccata e ferita da nulla, neanche quando il destino sembrava esserci avverso. E lo è stato… maledetto!

Laverei gli amori con la terra che hanno calpestato, annegherei sotto la pioggia di orme che hanno lasciato nel cielo.

Non potrei vivere, oggi, senza sapere di te. Senza conoscere di quell'amore che hai sempre portato in grembo e per il quale ho un rispetto millenario. Un rispetto che scopro aria fresca per ossigenare questa vita che sbanda verso un naufragio certo.

Voglio dirti che ti amo, ma a cosa serve dirlo oggi?

Vorrei dirti che sei unica, ma perché? Non sono forse tutti unici gli amori?

Vorrei baciarti, ora, stringerti tra le braccia e baciarti ancora.

Respirare nei tuoi capelli, dormire nel tuo sonno.

Solo, sprofondo nella solitudine che squarcia questi momenti e ogni giornata. È il giusto dolore che devo conoscere, per non essere riuscito a starti vicino, lì, in quei pochi, ultimi secondi, prima che tu lasciassi la nostra storia. Solo la morte poteva separarci e così è stato.

Ti amo, so che ci incontreremo di nuovo.

Chiederò un'altra possibilità e questa volta saprò raccontarti del mio amore, dei miei sogni con te, della mia paura di amare e del mio cuore sincero.

Ti amo e non so cosa fare. Senza la tua ombra non esiste più neanche la mia. Senza la tua voce, la mia non ha più suoni.

Ti amo, ho coperto di fiori il tuo ricordo, tutti i fiori, come piaceva a te... ma non c'è profumo a colmare il prato che portavi che eri.

Ti amo ti amo, ti amo. Naufrago mi addormento, ogni notte, lasciato in un luogo sconosciuto da maree impietose. Lasciato, solo, in un destino che non avevo previsto.

Ti amo, chissà se puoi ancora ascoltarmi.

Ti amo, mio unico amore.

18/ Amanti

Aveva a disposizione mille parole, tutte giuste, tutte azzeccate per me e per ogni momento.

Per quelli di smarrimento, sapeva ricordarti che ti amava e che ti avrebbe amata per sempre nonostante tutto, tutti e ogni cosa. Anche oltre la morte.

Per quelli vuoti e annoiati, sapeva riempirli di baci lanciati dalle più alte vette. Non c'era grattacielo da cui non si sarebbe buttato per arrivare sulle mie labbra e atterrarvi come il più dolce dei soccorritori, ma anche come il più temerario degli amanti.

Per quelli di preghiera, sapeva giaculare il nome di Dio intrecciato al mio come la più infervorata delle monache chiusa in un monastero abbarbicato su vette impervie e inaccessibili ad altri uomini.

Gianni, 37 anni, personal trainer, un po' psicologo, un po' filosofo, un po' marchetta. Lo avevo conosciuto su una chat di notte, a capodanno. Uno di quei capodanni in cui dopo tutto e ogni cosa ti ritrovi da sola a chiederti che cazzo di anno sarà questo? E, la prima cosa che ti viene in mente, forse non la migliore, ma comunque la fai, così, tanto nel momento in cui tutti sparano e botti ovunque, nessuno si accorgerà di te che vaghi in una chat dall'url: "Togliti il velo". Non ridete per favore, altrimenti vi mando a 'fanculo subito e fine botti anno e storia!

Colpo di fulmine, sì. Quattro parole a capodanno e già sembrava che ci conoscessimo da una vita. Bravo, sì, veramente bravo a farti sentire unica.

Unica perché la sua voce ti arrivava dritta al cuore. Una voce profonda, seria, ferma. Una voce da maschio deciso e allo stesso tempo giovane e ancora spara cazzate. Irresistibile. Avrebbe potuto dirti ti amo dopo cinque minuti e qualunque donna ci avrebbe creduto o quantomeno avrebbe preso in considerazione la possibilità che almeno c'era qualcuno che sapeva come dirtelo "ti amo Gemma".

Sì, mi chiamo Gemma. Ho cinquantaquattro anni, due matrimoni alle spalle e due figli maschi. Sarei anche nonna ma, visto che Leonardo e Filippo vivono in America, mi riesce difficile crederci. I nipotini o ce li hai tra i piedi tutti i giorni o finisce che diventano come figli andati via per lavoro, per amore o per disperazione. Comunque Lenny, Tania e Charlotte in chat casalinga sempre presenti, adorabili, chiassosi ma pur sempre virtuali.

Lenny che ha sette anni, è il figlio di Leonardo, il maggiore. Sposato con Lilly produttrice di film porno e pornostar in attività. Chi si somiglia si piglia! Leonardo ha sempre avuto la stessa bacatura di suo padre, il mio primo marito. Per loro c'era sesso a colazione, sesso a pranzo, sesso a merenda e sesso tutta la notte. Con Mario grande amore e gran belle scopate davvero. Pochissime parole e tanta libertà, ma di fare che? Poi, una sera di mezz'estate, mi sono rotta il cazzo e l'ho mollato in piena erezione, stanca di sentirmi più accoppiata con un bastardo in calore che sposata con un uomo con cui avrei voluto passare la mia vecchiaia in santa pace.

Tania e Charlotte che hanno cinque anni, sono le bambine gemelle, adottate da Filippo sposato con Jack avvocato rampante figlio unico di un senatore democratico. Sì, Filippo è gay, ma è anche uno scienziato tra i più brillanti ricercatori nel campo delle biotecnologie. Filippo è anche il figlio che ho avuto da Antonio il mio secondo marito purtroppo morto in viaggio di nozze, ma questa è un'altra storia e non ho voglia di tornarci su. Troppo dura la vita per una giovane vedova incinta e senza nessuno. Comunque Filippo è il mio tutto.

Leonardo invece ha finito per trasformare in mestiere la sola vera attività di cui era capace. Dunque fa lo stallone nei film prodotti dalla moglie, di cui a sua volta è coproduttore e sceneggiatore. Se di sceneggiatura si può parlare…

Unica, e riprendo il discorso interrotto, perché pur essendo in centocinquanta sulla chat, tutte con le fregole da reginette del ballo, tutte convinte di essere il centro del suo mondo, tutte bla bla, blu blu, blo blo, tutte… riusciva a farmi sentire al centro del suo mondo bla bla, blu blu, blo blo! Lo so che state ridendo e che vi state divertendo da matte alle mie spalle, ma chi se ne frega, io con Gianni ci sono uscita davvero, le altre no!

Unica, perché lui parlava a tutte e parlava a una. A nessuna di noi sorgeva il dubbio di essere una tra le tante. Quando lui parlava in chat, nessuna di noi ricordava di essere solo un nickname, piuttosto ci sentivamo tutte chiamate per nome… amore di Gemma, amore di Lara, amore di Paula, amore di Dona, amore di Lucy, amore di Tilly, amore amore amore, tutte amanti, tutte sue, tutte senza veli o con tutti i veli strappati pronte a fare qualsiasi cosa per lui.

In via del tutto eccezionale, passammo in privato. Il fascino aumentò, ora stava parlando con me, la sua voce intrecciata alla mia, le sue parole e le mie parole. Io, professoressa di filosofia, non potevo avere dubbi. Gianni voleva qualcosa da me che nessuna delle altre senza veli poteva dargli. Io ero la prescelta, ero quella che emergeva dall'anonimato della chat perché perché perché… perché ero Gemma, tu preziosa, tu intelligente, tu vivace, tu ancora bella. Perché sapevo essere zero e tutto, vuota e piena, remissiva e arrogante. Perché conoscevo la mia femminilità senza ostentarla, perché amavo il mio essere donna come principio e come libertà.

In via del tutto eccezionale, un appuntamento, a casa mia. Quella sera Gianni arrivò in smoking, quando gli aprii la porta ebbi un tuffo al cuore, la sua faccia era coperta da un enorme mazzo di rose rosse. Rose vere, rose profumate, rose che solo l'amore ti fa comprare. Poi i suoi occhi, poi le sue labbra, un primo bacio. Un bacio vero, intenso, calmo, caldo. Un bacio di quelli che ti si stampano dentro. Un bacio di quelli su cui ci stai appoggiata una vita e non ti sembra la tua piuttosto quella di un film, quella di una sceneggiatura vera in cui c'è un lui e una lei, una lei e un loro, appunto noi due.

Dopo quella prima sera ce ne furono altre, altre ricoperte di rose, altre che sembravano una costellazione mai vista prima. Una scoperta. Un regalo improvviso dalla vita che decide di farti una sorpresa proprio quando ti stavi convincendo che non sarebbe più riuscita né a sorprenderti, né a entusiasmarti più di tanto. Eppure ci stava riuscendo, con quei baci, con quelle carezze mai inopportune e mai azzardate. Con quella voce che mi chiamava Gemma come non avevo mai sentito prima il mio nome. Nessuno mi aveva mai amata così, né Mario con tutto il suo sesso, né Antonio che aveva avuto pochissimo tempo per dimostrarmelo.

Nessuno meglio di Gianni sapeva starti vicino, senza farti sentire il peso del desiderio, senza creare l'imbarazzo di uno sconosciuto in casa. Senza farti sentire una che in fondo, nell'amore, ci sperava ancora.

Continuavo a seguirlo sulla chat, ma sapere dei suoi baci, sapere di averlo con me e tutto per me, era come avere la risposta a un enigma, mentre tutti la stanno ancora cercando...

Quella sera, aprii la porta e non trovai il solito profumo. Gianni aveva un pacco in mano, un regalo per me. Fu lui ad aprire la scatola, ne tirò fuori un abito lungo, luccicante, stampato a pelle di leopardo. Molto bello, costosissimo, ma francamente lontano dai miei gusti. Sarebbe piaciuto sicuramente a Lilly, lei sì che ne sarebbe andata fiera. Sarebbe piaciuto anche a Leonardo che subito avrebbe preso appunti per una scena di uno dei loro film. Posso immaginare che se avessi indossato un abito così con Mario, il mio primo marito, sarei stata la moglie più scopata di sempre!

Non volevo deluderlo. Non volevo deludere Gianni che aveva scelto proprio me tra tante. E poi volevo superare me stessa, andare oltre qualsiasi ordine di idee, di pensieri, di convenzioni. Volevo sentirmi libera, proprio come quando avevo acceso il computer e mi ero tuffata nella prima stupida chat che mi era capitata.

Quando Gianni mi chiese di indossare quella pelle d'animale, lo feci per me sì, più per me che per lui. Andai in camera, dove lui non era ancora mai entrato, mi guardai allo specchio come se fosse un'altra a sfidarmi, un'altra a riflettersi. Mi appoggiai l'abito addosso, sorrisi, ammiccai. Lo indossai. Era perfetto. Perfetta la taglia, la lunghezza, lo spacco, il décolleté. Perfetto tutto, come se una sarta l'avesse cucito su misura per me. Mi sorpresi, mi piaceva, ero nuova, ero un'altra...

Amanti. Nessuno mi aveva mai amata così. Nessuno l'avrebbe mai più fatto. Aveva a disposizione mille parole, tutte giuste, tutte azzeccate per me e per ogni momento.

Parole anche oltre la morte.

Gianni quella notte morì d'infarto. Morì come si vive e si muore. Morì con gli occhi pieni di luccichio. Morì di fronte a me.

Probabilmente era davvero innamorato, chissà. Il suo cuore non resse. Quando entrai in sala da pranzo, ero davvero un'altra Gemma, ancora più bella, più preziosa, più amore, amore, amore.

Sì, pronta di nuovo per l'amore.

19/ Noi, rovine

Leggimi, ho qualcosa da dirti, a te sì, proprio a te. Chi l'avrebbe mai detto, mondi così distanti, così diversi. Io nella notte, buia e misteriosa. Tu in pieno giorno, accecante e sempre affamato.

Leggimi sì! Affrettati, prima che l'ultima copia se la prenda un altro e tu resti a mani vuote con la testa che gira gira, gira per la città.

In fondo sono ancora tua amica. Perché non leggere qualcosa scritto per te da un'amica? Perché pensare che non abbiamo più niente da dirci io e te? Era solo un anno fa, in vacanza insieme, in Grecia, ricordi? Il mare azzurro, le rovine di una civiltà d'altri tempi: Pericle e la sua corte d'oro. E noi? Amici, amanti, abbronzati, felici in ogni centimetro di pelle. Tuffati in ogni palpito di cuore...

Ci sono due gradini per entrare in negozio, entro.

Ciò che ho amato subito di te, è stata la tua gentilezza. Il tuo modo spontaneo di creare empatia con l'altro. Ho capito subito che avrei comunque comprato qualcosa, perché c'eri tu. Perché la tua presenza mi convinceva che avevo bisogno proprio di quelle scarpe. Sì quelle scarpe pazzesche che avevo visto in vetrina, in saldi, ma pur sempre costose.

Noi due. Ecco come ci siamo conosciuti. Io che volevo quelle coloratissime scarpe tacco grattacielo, quasi impossibili da portare. Tu mister sorriso, calmo, presente, con le mani più belle del mondo e uno sguardo rassicurante, come a dire che la vita è bella, dunque ci provo. Con te!

Tu non ti sei negato, anche se in un primo momento mi è sembrato piuttosto che volessi solo fare amicizia che la tua era soprattutto cortesia innata, educazione. Dopo quel primo incontro in negozio, vissuto come un'estasi del benvenuto nella mia vita! Quando ci siamo rivisti e mi hai stretto la mano, è stato quello il momento in cui ho capito che avevo incontrato un uomo speciale. Non te lo scrivo oggi perché è più facile da scrivere che dirlo. Semplicemente abbiamo trovato talmente tante cose da dirci che questa della stretta di mano, di quel primo contatto fisico, ho voluto tenermela tutta per me.

Da bambina, mi piaceva tenermi le emozioni dentro. Chiuderle in una piccola cassaforte del cuore e gustarmele la sera a letto, tirandole fuori una a una... così facendo mi addormentavo, sempre in compagnia di qualcuno, sempre con qualcosa di bello che mi cullava.

Mia madre lavorava di notte, non ricordo di averla mai avuta con me, mai a rimboccarmi le lenzuola, a darmi la buonanotte.

Mio padre? Mai sentito, mai conosciuto. So solo il suo nome, Robert, non ricordo nemmeno se me l'ha detto mia madre o se l'ho inventato io. Per il resto un fantasma, un'ombra senza storia, senza volto. È sparito dopo pochi mesi che ero nata, nessuno l'ha più visto.

Tu sai bene, quanta sofferenza viene dagli uomini, ne hai conosciuti parecchi anche tu.

Alex ci ha sedotti entrambi. A quella festa sarebbe stato meglio non andarci. Uno scherzo del destino, sì un brutto scherzo del destino. Ci siamo ritrovati in tre, un prosecco a testa tra le mani, le labbra troppo asciutte e subito dopo troppo bagnate per tirarsi indietro. Siamo stati felici con Alex, un triangolo perfetto, ma poi...

Quando un uomo ha bisogno di sfogare la propria rabbia e lo fa su un altro uomo, lo trovo intollerabile. Se poi è su una donna, allora siamo davvero troppo lontani da qualsiasi possibilità di giustificazione. Alex era un violento, l'abbiamo capito a nostre spese, in due e ognuno nel suo silenzio. La tua faccia tumefatta e sporca di sangue, è ancora davanti ai miei occhi. Sì, a distanza di due anni, ho ancora davanti agli occhi quella scenata di gelosia. Le sue mani che ti scazzottano mi fanno ancora venire i brividi. Ho provato a frappormi tra voi, il resto lo conosci bene. La caduta, un braccio rotto, calci nella pancia, l'emorragia e l'inevitabile aborto.

Sì, vorrei non esserci mai stata a quella festa. Vorrei non aver mai bevuto quel prosecco. Avremmo evitato di conoscere Alex e forse la nostra storia avrebbe avuto più tempo. E forse sarei stata una mamma e tu un papà, indipendentemente da come avremmo deciso di gestire la nostra vita insieme o no.

Oggi ho deciso di buttare quelle scarpe, non mi servono più. Da sei mesi ho cambiato lavoro. Non ci vado più a ballare, stop con i locali, la lap dance e tutto il buio che già conosci. Esco sempre meno, tranne che per qualche serata al cinema, a teatro, una pizza tra amici. Sono sempre belle, sempre le scarpe del nostro primo incontro, ma è ora di separarsene, è arrivato il momento del distacco.

Ti scrivo anche per questo, per dirti che ti ho amato e che ti porto con me nella vita. La lontananza, seppure dolorosa, è riuscita a costruirmi dentro quel giusto spazio che permette a ogni cosa di assestarsi e stare alla giusta distanza. Mi siedo, sulla mia poltroncina rossa, ricordi? Ti piaceva tanto.

Dimmi un po' sei sempre il solito golosone di gelati e granite? E la ricerca del panino più buono del mondo, a che punto si trova? Dove sei arrivato con l'assaggio? In Nepal, in Nuova Zelanda, in qualche sperduto paesino della Calabria?

È bello sapere che la vita continua anche oltre noi. Oltre le rovine del tempo, dei fatti, delle cicatrici. Ho un gatto ora, lo chiamo Giò, Giovanni. Sì, proprio come te.

Leggimi, ti farà bene sapere che ho ripreso a vivere. Nelle mie giornate riesco di nuovo a guardare il sole, ad accoglierlo sulla faccia, sentirne il calore. Non voglio che tu pensi a noi, alla nostra storia come a un cumulo di macerie. Non voglio che tu pianga pensando a noi, a te che ogni sera mi tieni per mano, prima di addormentarti.

Spengo la luce. Sì, faccio ancora così.

Quel gioco da bambina con tutte le mie emozioni... e tu sei sempre la più forte.

20/ Tacco rotto

Irresistibili!

Da quando le aveva viste in vetrina, non era più riuscita a pensare ad altro. Quelle scarpe tacco 16, tempestate di mille paillettes colorate, sarebbero state pazzesche per una serata al "Club Coriandolo". Gliele avrebbero invidiate tutte. Nessuna esclusa. Tutte!

Peccato per quel maledetto sogno. Più sputtanata di così non si poteva. Tutte quelle boccacce rifatte avrebbero sparlato e riso di lei per chissà quanto tempo. Lei, lei poi. Proprio LEI. La regina, la queen delle queen, quella a cui nulla era impossibile.

Quella che aveva sfilato al carnevale d'estate seduta sopra a un elefante (vero) vestita da tigre della Malaysia con un casco cascata di lunghissime piume bianche fino a terra… mozzafiato!

Quella che era apparsa con dieci boys completamente nudi incatenati al suo punto vita… wow wow wow!

Quella che era stata eletta per sette anni consecutivi "Madrina della Notte", al massimo qualcun'altra c'era riuscita per due anni consecutivi… che dire?

Peccato per quel maledetto sogno, non ci voleva proprio. Lei coi sogni aveva un rapporto stretto stretto, morboso quasi dipendente, come sua madre, come sua sorella e come tutte le sue "zie". Nessuna che non affidasse ai sogni la soluzione o la chiave delle giornate. Della luce e del buio. Nessuna affidata al caso di un evento qualsiasi, senza sapere che all'origine sgorgava da una visione, una profezia, una rivelazione, un perché cosmico.

Quella…

Quella che da bambino guardava le stelle e ad ognuna dava un nome: Marylin, Hella, Joséphine, Audrey, Sofia, Gina. Tutte le sue stelle!

Quella che sarebbe riuscita a ballare anche sulle vertigini. Sui capricci di un gladiatore romano, a trovarne uno!

Maledetto sogno…

Lei caduta come una pera sfatta! Come una principiante alla sua prima sculettata!

Non oso nemmeno immaginare i commenti. Le orribili smorfie di quelle facce truccate per mentire, per ingannare il desiderio e i capricci della notte.

Maledetto sogno…

Voi non potete sapere quanto possa essere dura e piena di insidie la vita di una regina. Piena di pericoli e trappole che cercano di risucchiarti nel baratro dell'ordinarietà.

Che ne sapete voi di un tacco che può romperti l'incantesimo di una vita?

Che ne sapete voi di un tacco che scheggia oltre i sogni e frantuma un'esistenza?

Un'esistere spettacolare inventato come un numero da circo, ma fragile come un coriandolo di carta, come il battito d'ali di un colibrì.

Come un sogno che ti agita il cuore e poi resti sola ad aspettare il prossimo.

21/ Libertà

Ci sono giornate piene di sole, ma non sono le più allegre. Altrove si festeggia e si balla, si beve e si canta, ma qui c'è poco da festeggiare, per le strade gente ubriaca, per lo più studenti, giovani o giovanissimi, alcolizzati come i nativi d'America, come gli aborigeni australiani. Popoli a cui hanno fottuto il cervello prima, la terra e il futuro poi, molto allegramente, facendo passare tutto come una movida spensierata.

Certo, Sara aveva cercato un mondo senza confini, ma dove? Dove cerchi le cose sbagliate, trovi solo errori e cicatrici, la vita non aspetta, non perdona, non ha tempo per gli indecisi e gli sbandati. La vita non ha voglia di capire le storie di una ragazza di diciannove anni, no. Oggi non c'è tempo per nessuna comprensione, nessuna pietà, nessun abbraccio.

Sara era caduta. Dal punto più alto. Dal punto in cui è più difficile riprendersi, droga, alcool, prostituzione, tutto sbagliato. Tutto come in un vorace frullatore di vita e pericoli. Tutto così vicino alla morte, da non sembrare più né vita, né altro. Solo maledizione, solo una deriva. Un naufragio dell'esistenza che non si riconosce in nient'altro, solo polvere - bianca rosa gialla verde - purché sia polvere. Purché possa circolare nelle vene, stordire vita e cervello, stordire vita e destino, sballare.

Ho sete, voglio bere. Voglio bere fino a vomitare. Voglio bere finché il mio corpo non sarà come un enorme bicchiere riempito a forza di convincersi di essere vuoto, inutile, niente più che una cosa. Niente più. Niente più che un territorio dove poter scavare, sradicare, rubare tutto ciò che è possibile sottrarre alla felicità.

Sara, apparentemente una studentessa come tante altre. Solo apparentemente.

Suo padre e sua madre erano morti. Lui aveva ucciso lei e lei aveva portato lui alla follia. Le piaceva che fosse geloso, le piaceva quell'invisibile sapore della seduzione che si schiudeva ogni volta che lui impazziva. Sì, lui impazziva per lei.

Aveva quattordici anni quando suo padre l'aveva guardata più eccitato del solito. Le sue mani stringevano forte, la violenza era solo l'inizio dello stupro. Zitta, non parlare. Zitta, non piangere. Zitta e vivrai a lungo. La prima volta. Quella era stata la sua prima volta, poi non le aveva più contate, poi l'inferno, il dolore, le ferite. Poi le cattive compagnie, poi l'incontro con Joy che l'aveva fatta sentire unica, bella, unica per lui e subito dopo per tutti i suoi amici. Zitta, non parlare. Zitta, tanto lo so che ti piace. Zitta e avrai tutto lo sballo che vuoi.

Sara, un'adolescenza finita senza mai iniziare. Un osservarsi allo specchio senza riconoscersi, senza avere il tempo di esplorarsi, di guardarsi per dire chi sono io? Chi siamo, sì, chi siamo quando gli altri e tutto intorno fanno di noi qualcosa che non ci appartiene veramente, qualcosa che non capiamo, qualcosa che ci sfugge. La vita ci perseguita, la vita ci propone dei patti con se stessa che non sono accettabili, eppure tutto viene spacciato come una delle tante giornate in cui sei libero di scegliere. Ma non lo sei. Sara non aveva potuto scegliere e come lei altre ragazze, donne, popoli.

Sei donna quando puoi dire faccio questo, scelgo, ho delle possibilità. Sei donna se puoi guardarti intorno e fare quattro passi con le amiche, bere un caffè, uscire a fare shopping. Sei donna se hai il tempo di accogliere ciò che sta facendo di te una donna... prima che qualcuno rubi tutto senza chiederti se essere saccheggiata sia un'ambizione anziché un furto di te agli inizi.

Sei popolo quando decidi di condividere un destino comune, fatto di storia, di conquiste e sconfitte, di frontiere che si allargano e si restringono. Sei popolo perché hai una lingua comune, perché ti piace che l'altro sia popolo come te.

Sei una donna se hai imparato a rispettarti.

Sei popolo se pretendi il rispetto per ogni cittadino.

Sara non ha imparato a rispettarsi. Del resto come avrebbe potuto con suo padre addosso quasi tutte le notti.

Anche stanotte la città è buia, umida, nebbiosa. Nessuno è qualcuno, siamo tutti silhouette. Tutti come ombre grigie o nere. Tutti anonimi e senza storie. Sara cammina per strada, sta cercando una direzione per cambiare, per lasciarsi tutto alle spalle. Sara sta andando altrove, lontano, il più lontano possibile da tutto ma si sente afferrata, sente che c'è una folla a trattenerla qui. Una folla di cattivi ricordi, di cattive compagnie. Una folla di uomini che hanno fatto del suo corpo un buco profondo da non ritrovarsi più. Secoli, millenni di donne fatte schiave, vendute, abusate, maltrattate. Di proprietà di qualcuno, cedute a pochi spiccioli o per qualche mandria o per una manciata di farina.

Come fosse una zolla di terra. Come fosse qualcosa, sì qualcosa e non qualcuno. Sara, una ragazza, una donna. Un popolo che chiede di esistere. Libertà.

22/ Io sono di carne

Prima di parlare, cerca di capire. Se ho una cicatrice e sotto un'altra e un'altra ancora è perché evidentemente qualcosa o qualcuno si è accanito contro di me, oltre me. Prima di parlare, forse è meglio non parlare affatto, zitto, muto in silenzio ore e ore, come tante volte ho fatto, io, cercando una risposta al perché perché perché proprio il mio corpo, sul mio corpo, su di me? Perché tutta questa brutalità? Perché ritrovarsi squartati a trent'anni senza aver potuto decidere, scegliere. Senza un avvertimento, un campanello d'allarme. Senza nessuno che ti dica attento sta per accaderti qualcosa di incredibile e poi nulla sarà più come prima. Perché le frasi fatte, quando servono davvero, nessuno te le dice? Nessuno che ti guardi per dirti che forse non stai così bene come credi. Nessuno che prova a farti da grillo parlante, di un qualsiasi pinocchio di legno. Nessuno disposto a correre il rischio di essere schiacciato sul muro dell'assurdo, dell'incredulità, del fatti i cazzi tuoi!

Prima di parlare, c'è una storia davanti a te. Io non sono di legno, io sono di carne. Carne che urla. Carne che piange che tira, si secca e vorrebbe trovare una voce per dirti mille altre cose. Mille altre parole e sensazioni che però non riesce a pronunciare. Troppo ferita, troppo umiliata, troppo sanguinante per avere la forza di aggiungere.

Vorrei sottrarmi ai tuoi sguardi. Vorrei non vedere e non sentire mai i tuoi occhi che guardano queste cicatrici. Sul mio corpo, sulla mia pelle, sulla mia vita. Mai, mai, mai vorrei che altri oltre me avessero accesso al fosso di questa trincea, di questo campo di battaglia che urla guerra e morte senza che nessuno sappia dargli una risposta. Perché mi trovo qui? Perché ti trovi qui? Cosa ci lega, qual è il destino comune che ci tocca scrivere insieme? Io non lo so. L'unica cosa di cui mi rendo veramente conto, sono i tuoi occhi e qualche rara volta le tue labbra.

Prima di parlare c'è la mia vita. Nessuno può capire cosa possa voler dire, in quantità d'amore, un bacio su una cicatrice, nessuno. C'è un prima e c'è un poi che è nuovo, entusiasmante, guaritore. Ma subito dopo, appena il ricordo della pelle svanisce, torna la solitudine. Torna la nebbia che tutto confonde, rende le cose sempre più distanti dai paesaggi e da noi. Inaccessibili agli occhi e dunque lontane lontane lontane. Ma l'amore non si misura forse sulle distanze, sulle mancanze, sull'assenza? Non lo so. A volte mi sembra tutto chiaro. Altre precipito lì dove è impossibile raggiungersi. In fondo la solitudine è un lento inesorabile precipitare, senza amore, senza carezze, senza bambini.

Oggi, non ho nessuna voglia di scherzare. Da solo, mi sono già preso in giro centinaia di volte per arrivare a questo momento, ora, a stare davanti a te, così, nudo nudo nudo.

Quando ero bambino, nudo voleva dire giocare, giocare nell'acqua e schizzare dispetti in tutte le direzioni. Oggi, nudo, vuol dire che non ho vestiti addosso a coprirmi le battaglie perse contro il tempo, contro la morte che avrebbe voluto sopraffarlo e finirmi. Oggi, nudo, è come se fossi più nudo. Come se niente più potesse tornare a vestirmi a coprirmi a concedermi la tregua di qualche momento senza tempo, senza cicatrici, senza destino. Non dirmi che sono ferito. Sì lo sono e anche molto più di ciò che sembra, di ciò che mostro, di ciò che chiunque - compreso te - possa riuscire a capire. Non c'è prossimità. Queste ferite creano una distanza troppo vasta tra me e qualsiasi comprensione esterna. Tra me e te. Tra me e il mondo. Tra me e me. Sì, sono io il più distante da me…

Sono io quello che vorrebbe fuggirne, da questo corpo.

Sono io quello che vorrebbe evaderne, per sempre.

Io per primo vorrei una distanza che mi permettesse di essere altrove, uno come tanti, come tanti altri che non hanno cinquanta punti sulla pancia. Uno libero di togliersi la maglietta senza dover affrontare gli sguardi della compassione, del ribrezzo, della pietà nei confronti dei reduci della vita. Di quelli che ce l'hanno fatta a non crepare. Di quelli che resistono ma che pur sempre sono quasi morti. Lo so, dovrei essere felice. Dovrei essere felice di vivere, di poterti toccare, di poterti ancora abbracciare. Felice di saperti ancora innamorata di me. Felice di averti avuta accanto nei momenti più difficili, quando c'era da lottare, quando c'era da ribellarsi alla vita che improvvisamente voleva cancellare il mio nome dagli elenchi di quelli che hanno diritto alla felicità.

Dovrei essere felice, lo so, ma non lo sono.

Non lo sono come vorrei.

Da ragazzo essere felice voleva dire fare tutto quello che mi passava per la testa. Oggi i capelli blu, domani i capelli verdi e di qualsiasi altro colore purché lo fosse, colore. Da ragazzo qualsiasi cazzata ti rende felice e ridi ridi ridi e tutti i tuoi amici ridono ridono ridono.

Nelle mie giornate, non c'è quasi mai un presente che sia meglio del passato, mai. C'è un prima e c'è un dopo. Un tempo prima delle cicatrici e quello dopo che parla un'altra lingua, altre storie da raccontare, altre voci altre stanze. In nessuna di esse trovo un momento di pace, di tregua, di libertà.

C'è la stanza dei fiori con tutti i petali caduti a terra.

C'è la stanza dei quadri con i volti tutti cancellati, irriconoscibili.

C'è la stanza del pane quotidiano, muta, senza parole, con le finestre chiuse come il cuore di una vedova.

C'è la nostra stanza, in cui la luce è permessa a metà. In cui tutto sembra essere più vicino, più possibile, tra noi.

C'è un esserci in due che mi aiuta a esserci da solo. Che mi aiuta a capire meglio, a sentirmi meglio, quasi come prima. C'è un esserci in due che ricuce tutte le ferite e le brutte cicatrici della vita e tutto mi sembra possibile. Accettabile.

C'è un esserci in due che è una moltiplicazione, tutto diventa più grande, soprattutto la voglia di vivere. Il desiderio di vita.

23/ Lui e lei, in volo

Siamo tutti maestosi aviatori e boia gentili di libertà offese.

C'è un uccello e migliaia, in aria, in volo, a caccia sul mare. Una sfida per la sopravvivenza, ogni giorno così, ogni giorno implacabile.

C'è un uomo, solo, a caccia con i piedi nella sabbia, il corpo mimetizzato. Una sfida, un gioco, un mirino di precisione e la voglia di sparare.

Chi dei due resisterà più a lungo?

Mi chiamo Giovanni, da bambino con mio padre, tutte le domeniche a caccia. Nei boschi, sulle rocce, prati e dune di sabbia come queste. Ovunque pur di sentire l'aria libera della natura, il gusto di poterla possedere, afferrare e riportarne un pezzo a casa, nei polmoni, negli occhi. Nelle sacche.

Volpi, daini, fagiani, pernici, albatri, cormorani. Faccia a faccia con la paura di un grosso cinghiale. Lui immobile. Noi paralizzati, l'adrenalina, il sangue pulsare ovunque, come un decollo. Come la corsa che prepara il volo e poi una caduta brutale. Mio padre travolto cade a terra semisvenuto. Parte un primo sparo, un colpo di fucile in aria. Il cinghiale sta per caricarci di nuovo. Mi butto sul fucile, eccolo tra le mie mani, ora sono un vero cacciatore, lo punto verso la bestia inferocita e *booom booom booom!* Scappa, lo seguo con lo sguardo, 50 metri e poi sento il suo affanno, lo vedo cadere nella brughiera. Aiuto papà a rialzarsi, andiamo verso il punto in cui l'animale è sparito. Lo troviamo ancora vivo, sangue spasmi convulsioni e la voglia di ribellarsi alla morte. L'ho colpito in testa, da oggi sono un vero cacciatore. Ho 15 anni, papà mi regala il suo fucile. Quella notte, lo tengo vicino a me nel mio letto, ci dormo insieme, voglio difendermi dallo spirito del cinghiale.

Ricordate quell'uccello marino ancorato in aria nel tentativo di ribellarsi a correnti contrarie? Eccolo, è di nuovo davanti a me: un albatro, un gabbiano, un cormorano. Le sue ali si stremano, la meccanica del suo corpo lotta contro la supremazia della forza atmosferica; entro brevi, altri velocissimi colpi di resistenza, cederanno, scontrandosi con l'invincibile determinazione della natura.

Le ali? Che meccanismo perfetto per affermare coraggio e tentativi di libertà...

Le ali, uno strumento anatomico infallibile. Remi di una materia aerodinamica. Muscoli potenti, elastici.

Il volo si prepara ad ali distese, portate verso l'alto; si abbassano velocemente con forza decisa fino a passare in posizione orizzontale, poi vengono portate in avanti e in alto. In questo modo esse spingono l'aria in basso e indietro e il corpo dell'uccello riceve una spinta in alto e avanti. La coda, inclinandosi direzionalmente, fa virare l'animale in volo verso destra o verso sinistra, esattamente come un timone.

Le ali, un progetto dalle funzioni straordinarie: omero, ulna e radio, carpo, metacarpo, dita, piume che ne rifiniscono la dichiarata bellezza. Nella mia vita e in quella di mia sorella, hanno portato unicamente desolazione e lutto. Le ali.

Nostro padre, si è distrutto per averne, per tentarne l'efficacia, per rincorrere la libertà di stare sul mare come quegli uccelli. Tentare di ritrovare mamma, avvistarla tra le onde.

Papà, non li aveva mai visti soffrire.

Avrei potuto avvertirlo, almeno provare a fare qualcosa, per me, per la nostra famiglia.

Avrei dovuto sì, ma non l'abbiamo fatto, né io, né mia sorella.

Mamma era già morta da due anni.

Papà non aveva mai smesso di baciare la sua foto in cucina.

Mentre costruiva le ali per il suo volo, sono rimasto ad ammirarlo e mia sorella vicino a me, a guardarlo costruire quell'impossibile sfida. Ci sembrava un gioco, un gioco di vita, un gioco eroico. Ci piaceva pensare a nostro padre pronto a partire, pronto a volare, per andare a lottare contro il mare, quello stesso mare su cui amava tanto cacciare. Quello stesso mare che aveva inghiottito mamma e non l'aveva più restituita.

Oggi ho 35 anni.

Come si può pensare agli uccelli e negare le ali? Come si riesce a convincere un uomo che i suoi sogni di libertà gli strapperanno la vita? Come posso dimenticare la verità che si è svelata dietro ogni nuovo dolore?

La verità, è che non possiamo veramente nulla contro ciò che è già prima di noi. Prima che un qualunque più piccolo evento della nostra storia personale possa desiderare un cambiamento qualsiasi di rotta.

Chi decide? Chi pensa? Chi organizza il volo di ognuno? Chi stabilisce i percorsi, i viaggi, le avventure, le nostre piccole e grandi scoperte: chi? Chi è che ha tutto questo tempo per creare tutte queste infinite trame, tutti questi finiti destini? E perché ci lascia così poco margine per agire, per decidere, per avventurarsi: perché? Chi è?

Perché a un certo punto della vita siamo costretti a rischiare talmente tanto da non potere più tornare indietro? Tutti. Perché? Perché è toccato a mio padre?

Oggi ho voglia di amare come allora, di vivere come allora, di ammirare gli uccelli allo stesso modo, con gli stessi occhi, quelli di un ragazzino che inizia a cacciare. Non me ne frega niente, se tutto, anche ciò che penso in questo preciso istante, è già stato deciso prima di me e senza che io l'abbia chiesto. Questa vita è mia, così come sembra non esserlo e voglio restare dell'idea che se mi va di volare, posso farlo a mio rischio e pericolo.

Volerò, sì, volerò anch'io e mi riprenderò la mia parte di azione, di destino. Ne sarò il comandante, lo sfidante, l'eroe. Nessuno oserà decidere per me, da qualche parte Dio mi aiuterà. In qualche modo saprò ritrovare tutto l'amore per la vita che cercavo che volevo.

C'è un uccello e migliaia, in aria, in volo, a caccia sul mare. Una sfida per la sopravvivenza, ogni giorno così, ogni giorno implacabile.

C'è un uomo, solo, a caccia con i piedi nella sabbia, il corpo mimetizzato. Una sfida, un gioco, un mirino di precisione e la voglia di sparare. *Booom booom booom!* Nella sua testa sente già lo sparo, vede già la sua preda cadere, ma questa volta non sparerà. Oggi ha deciso che è l'ultimo giorno della sua vita in cui negherà la libertà di volare a qualcuno.

L'uccello mi guarda, come a ringraziarmi. Si alza in volo. Si lascia trasportare dalla corrente marina, in alto fino a essere solo un puntino nel cielo. Nello stesso cielo dove volano papà e mamma.

Lui e lei, in volo.

24/ Lunabella

«Che grandi occhi che hai!»

La casa di mia nonna è l'ultima del paese, dopo, solo boschi fitti fitti di felci, pioppi, querce, pini, abeti e mille piccole vite da incontrare. È qui che vivo, casa mia, legno e pietra tutto dalla montagna. In questo momento sono sul prato dietro casa, c'è molto sole stamattina, osservo il buco di un formicaio. Proprio un sacco di lavoro da fare, in pochi mesi, tutte le formichine avranno accumulato il cibo per l'inverno. Basterà per tutta la comunità. Faccio cadere qualche briciola, diventa subito provvidenza per tutto il formicaio.

Mi chiamo Lunabella, ho 10 anni. Mi piacciono gli scoiattoli, le tartarughe, le violette, le primule, la cioccolata, rotolare nell'erba fresca di rugiada. I miei colori preferiti sono l'arancione, giallo, verde chiaro, turchese e viola. Non guardo la tv, semplicemente perché a casa mia non c'è.

Qui, stiamo tutto il tempo in mezzo alla natura. Le giornate hanno un sole che sorge e uno che tramonta, scandite tra pascoli, conigli, caprette, paperette, galline e il signor gallo che ci sveglia ogni mattina alle sei più o meno... ci sono un sacco di cose da fare, come nel formicaio. Ma prima una buona tazza di latte e cioccolato, con i biscotti della nonna fatti con le uova fresche e la farina d'avena di prato.

Certo che ci vado a scuola. Prima media, un anno avanti, sono una bambina precoce. La mamma mi ha spiegato che oggi sto già a domani.

Il momento della giornata che mi piace di più è quando arriva la sera. Davanti al fuoco, c'è sempre qualcuno tra i grandi che racconta qualcosa della giornata, della montagna, del bosco o come me, ma solo la domenica, della vita del formicaio o della testa del gufo che gira a 360°.

E voi di città: l'avete mai visto un gufo che gira la testa?

Forse in tv, ma no di certo dal vero. Vi spaventereste per quanto è disarticolato. Il collo non si vede, è sotto, coperto da piume fittissime. Occhi neri nerissimi, inespressivi, una vista acutissima: nessun topolino nei paraggi sfuggirà. Da destra a sinistra, da sinistra a destra sempre con lo stesso ritmo, quasi ipnotico, senza tempo. Come la luce di un faro sul mare aperto.

D'estate andiamo al mare. Io sono come il mare, blu fuori e verde dentro. Che me lo chiedete a fare se mi piace, certo che mi piace! Viene anche la mia migliore amica, Sofia. Quando facciamo il bagno i suoi capelli rossi si allargano e sembrano le foglie d'autunno che galleggiano sul laghetto, su in montagna. Sofia è anche la mia compagna di banco a scuola, casa sua è a qualche isolato dalla mia, della sua famiglia si dicono cose strane. Tipo che suo nonno ha lottato contro un enorme orso bruno, o che suo padre è stato in prigione per aver picchiato un ladro di funghi...

I funghi sono piante davvero strane. Ho il divieto assoluto di toccarli, da parte di nonna e di mamma, di nonno e papà. Insomma tutta la famiglia non vuole. Mio fratello non si è ancora espresso, ma solo perché ha cinque anni e lui di funghi non né capisce ancora niente.

Avete mai fatto il bagno in un laghetto di montagna? Acqua freschissima *brrrr!* A luglio è bellissimo, con Sofia ci facciamo dei gran tuffi e quando usciamo dall'acqua lei mi dice sempre: «Che grandi occhi che hai!» e mi da un bacio sulla guancia. Del resto ve l'ho detto che la sua è una famiglia tutta strana.

Papà e nonno sono guardie forestali, hanno visto cervi e stambecchi dove non arriva mai nessuno. Nonno racconta spesso di un nido di aquila reale, su in cima, dove gli alberi iniziano a diradarsi. Qualche anno fa è riuscito a salire e a fotografare i piccoli aquilotti. Le sue foto sono state pubblicate da parecchi giornali. Ha anche vinto un premio come miglior fotografo dell'anno: c'è un aquilotto con il becco aperto e la mamma aquila che gli mette in bocca una biscia nera, altri due aquilotti che beccano la coda del serpente. Insomma tutti e quattro attaccati alla biscia... e gli occhi neri e severi della mamma aquila che sembrano guardarti e minacciarti. Gli animali della montagna sono bellissimi, ma bisogna stargli alla giusta distanza.

Al confine tra casa e bosco c'è una grande quercia. Ci sto sotto, seduta, a leggere un libro sulla vita delle farfalle. Alzo gli occhi e vedo passare a un metro da me un'intera famiglia di ricci. Mamma riccio grassottella e cinque ricciolini in fila indiana. Si fermano, mangiano qualche ghianda e poi ripartono, ordinati, silenziosi. L'ultimo incespica su un sasso e rotola su se stesso, è buffo, rido. Mamma riccio si ferma mi guarda, sorride pure lei, va dal riccioletto in difficoltà e con un colpo di muso lo rimette in dritto, ripartono. Li seguo finché riesco a vederli.

Nonno ricorda che suo padre gli raccontava che in tempo di guerra c'era chi metteva le trappole per i ricci e poi li mangiava arrostiti, o addirittura li rivendeva a chi aveva fame. Non vorrei mai trovarmi in un periodo così brutto, costretta a mangiare ricci e chissà cos'altro. Sofia li adora, quando gli ho raccontato la storia del mio bisnonno, è svenuta. Lei sarebbe morta di fame piuttosto che mangiare un riccio. Io? Beh, forse meglio una biscia, arrostita! Che ne dite?

Siamo tutte e due un po' cotte di Giovanni, il ragazzino più bello della scuola. Ma lui guarda solo Beatrice che si veste come una bambola e parla come la maestra: «Ragazze, dovete crescere se volete trovare marito. Nel bosco non troverete nessun principe azzurro, svegliatevi, scendete a valle!» Uffa, tutti vogliono scendere a valle per andare nei centri commerciali, bar, insomma chiacchiere stupide e shopping superfluo.

Essenziale, qui la vita è già tutto quello che è e che serve. Guardate gli scoiattoli, anche loro stanno accumulando il cibo per l'inverno: nocciole, ghiande, bacche, germogli. Diventeranno tutti più paffuti e quando arriverà il momento del letargo, avranno tutto ciò che gli serve per svernare, né più né meno. A nessuno di loro viene in mente di stare tutto il tempo seduti a chiacchierare al bar, o a provare e riprovare vestiti nei quali non entreranno più il prossimo anno. Tra due mesi è il mio compleanno, a cavallo tra la fine dell'estate e l'inizio dell'autunno. La stagione che più mi piace per i colori e anche perché riprende la scuola e sto tutti i giorni con Sofia. Le formiche sono sempre di meno, molte stanno già rientrando nella parte più profonda del formicaio. Presto arriverà il primo freddo e non usciranno più.

Perché mi chiamo Lunabella? Mamma e papà dicono che la notte in cui sono nata, la Luna era piena e gialla gialla da sembrare un sole... talmente bella da volermi così.

25/ Biscotto

Biscotto era nero, al cacao.

Tutti gli altri erano bianchi, al latte.

I suoi genitori, morti, scomparsi tra le onde, con loro anche Biscottina, sua sorella.

Faceva freddo quella notte, i denti battevano forte, il corpo sembrava posseduto da un'unica scossa elettrica. Gli occhi lacrimavano silenziosi. Molti bambini più piccoli piangevano, urlavano per il freddo, per la fame. Per squarciare la disperazione di quella solitudine senza orizzonti.

Una tempesta in arrivo, da dentro, da fuori, da ovunque.

Nessuno poteva ribellarsi a quel momento, solo la vita con la morte... il vento iniziò a strappare tutto. La speranza, i vestiti di dosso, gli ultimi ricordi tra le mani. Poi dall'acqua un'onda gigantesca travolse il barcone e niente e nessuno si salvò.

Biscotto è un sopravvissuto a una strage del mare. L'unico di quella maledetta notte, maledetta tempesta, maledetto barcone.

Con tutte le sue forze per ore e ore, rimase aggrappato a una trave di legno, fino all'alba e all'incontro con la salvezza che arrivò con un peschereccio. Quattro marinai, una rete e forti braccia a riscaldarlo.

Dopo giorni carichi di minaccia, di ombre e sguardi arresi, i suoi occhi videro un sorriso, due sorrisi, tre sorrisi, quattro sorrisi!

Improvvisamente un altro pianeta, un'altra zona del mondo. Improvvisamente i suoi piedini neri neri, infilati nelle scarpe che aveva visto su internet, quelle del suo idolo, il famoso calciatore.

Avrebbe voluto raccontarlo a tutti i suoi amici. Dove? A chi? Erano tutti morti, tutti inghiottiti dalla tempesta, tutti vomitati altrove come niente. Come ossa rotte e carne dissanguata.

Sorrise. Qualche lacrima di gioia diede il benvenuto alla felicità. Sì, ora poteva essere felice, ora doveva essere felice perché era l'unico ad avercela fatta, l'unico a essere lì. L'unico a dovere qualcosa a tutti gli altri. Alla loro memoria, alla loro speranza, al loro coraggio, alla loro sfortuna.

A tutti gli altri eroi caduti in mare.

Biscotto è nero, lui non è al cacao, è proprio così.

Tutti gli altri sono bianchi, non sono al latte, sono proprio così.

Sponde opposte, diverse. Sponde che si guardano che si osservano da millenni che si corteggiano che cercano un dialogo. Sponde che hanno visto santi e marinai naufragare e poi ritrovarsi.

Mediterraneo. Un mare e tanti volti tutt'intorno, tanti popoli, culture, religioni.

Mediterraneo. Biscotto porta tutto questo con sé, tutto questo pullulare di vite, tutta la ricchezza dell'incontro, tutta la capacità di avvicinarsi e di tendersi la mano l'un l'altro.

Biscotto è cresciuto, cresciuto in un paese libero.

Biscotto oggi non gioca a calcio, no.

Biscotto è un medico. Cura gli ammalati bianchi, neri, gialli... cura i nostri nonni, le nostre mamme e i nostri papà, cura i nostri bambini.

26/ Conferenza stampa

«Vi promettiamo che non vi lasceremo mai soli» disse per l'ennesima volta il Premier all'ennesima conferenza stampa tenuta a reti unificate dopo il terremoto che aveva distrutto mezzo Paese. Tutti ci avevano creduto. Sembrava diverso dagli altri e molte donne lo avevano eletto "uomo ideale". A proposito. Una volta non erano gli uomini a ragionare col pisello?

Mio nonno e mio padre dopo di lui e parte della nostra famiglia, hanno continuato a coltivare la terra. Noi ai capricci della natura siamo abituati. Le stagioni sono sempre diverse. Oggi raccogli un pomodoro, il prossimo anno cinquanta. Oggi c'è uva e vino in abbondanza, l'anno prossimo quattro barattoli di composta e stop. Oggi riesci a sgranare sessanta chili di piselli, l'anno prossimo magari cento...

La natura non fa mai discorsi.

La natura non tiene conferenze stampa.

La natura non dice bugie, non inganna, non ti illude.

Se questo non è l'anno giusto lo capisci subito. Se è quello sbagliato, nessuno ti lascerà solo, lo sei già in partenza. Tu e la tua terra. Tu e la tua terra da benedire o maledire, ma solo tu e la tua cazzo di terra.

E allora perché fare tante interviste, perché aggiungere tante parole alla tragedia che di parole ne ha già piante tante, tutte, sì proprio tutte.

La nonna è morta in chiesa assieme ad altre tre nonne, mentre sgranavano il santo rosario quotidiano. Martedì, misteri luminosi. Sì proprio luminosi. Infatti la botta del terremoto ha buttato giù il vecchio tetto della chiesa che è crollato sulle quattro vecchiette. Hanno visto direttamente il cielo, in cielo. Qualche cretino avrà pensato: «Poverine, dritte al cimitero, tanto la messa con la benedizione l'hanno presa addosso!»

Anche su questo fatto il Premier sembrava avesse qualcosa da dire. Anzi dava l'impressione di sapere tutto, di conoscerci tutti, di essere stato una e tante volte in casa nostra, seduto alla nostre tavole a mangiare i nostri polli, i nostri agnelli, le nostre rape.

Un po' come i signorotti di un tempo. Venivano giù dal castello, calpestavano la nostra terra. Arrivavano con i loro quattro ceffi allevati a ruberie, a prendersi il meglio e poi a te e alla tua famiglia tutto il resto degli avanzi, della miseria, del durissimo lavoro di implorare la terra a non farti morire di fame.

La vita è dura da queste parti, signor Premier.

Quando lei sarà ripartito sazio. Quando lei starà già cavalcando per raggiungere altre terre altrettanto disperate e devastate da aver bisogno dei suoi giochi di prestigio a parole. Quando lei mangiando e bevendo, sulle sventure del popolo che dovrebbe proteggere, curare, rispettare e dei suoi figli a cui dovrebbe un futuro o quantomeno un domani... quando lei, tutto questo, signor Premier, noi ci saremo già rialzati mille volte.

Mille giorni ancora con le mani nella terra, cercando di strappare qualcosa di buono.

Mille volte ancora avremo ripiantato pomodori rape piselli e raccolto uova fresche, allevato nuovo bestiame e riparato il tetto della chiesa per consentire, alle vecchiette sopravvissute alla spietata magnitudo, di tornare a pregare e di farlo anche per lei che di misericordia divina ne ha più bisogno di chiunque altro.

Lei ha detto che non ci avrebbe lasciati soli, ma noi qui soli lo siamo sempre stati. Soli di quella solitudine che ti fa dire «perché perché perché ci fate questo?» Soli di quella solitudine che ti fa dubitare che il Nord sia una parte del Sud che il Centro sia tra entrambi e che tutti siano qualcosa di cui andare orgogliosi perché ovunque c'è terra buona e ovunque la terra potrebbe tremare implacabile. Anche a casa sua signor Premier.

Gli uomini sono soli, le donne sono sole, i bambini sono soli, i giovani vanno via.

Qui, l'inverno è tutto bianco. La primavera è tutto verde. L'estate è tutto giallo. L'autunno è tutto rosso. I colori, i paesaggi qui ti permettono di vedere quanto spazio c'è tra noi e la prossima promessa. Tra noi e tutto il resto. Eppure ci sentiamo così vicini a tutti gli altri, signor Premier. A tutti quelli a cui lei avrà ripetuto la sua litania della pietà, della vicinanza, dell'aiuto mai spedito e forse nemmeno mai pensato... dell'aiuto che si è perso nelle tasche della corruzione, negli ingranaggi avidi mai abbastanza oliati. Della fame a pancia piena che meriterebbe la radiazione e lo sputo.

Noi in questa natura, davanti ai nostri fuochi, nelle nostre case o ciò che ne resta. Noi, sempre entusiasti di accogliere il nuovo che non è mai veramente arrivato. Noi, come tanti altri che per lei saranno solo una platea presto dimenticata. Noi, signor Premier, abbiamo lo stesso coraggio della terra, la sua stessa tenacia, la sua stessa resistenza e soprattutto la sua stessa fioritura.

Domani, signor Premier, domani vedrà di cosa siamo capaci.

Sì domani che è oggi, ora!

27/ Tricolore

Prima dei colori.

Prima dei colori c'è la libertà che può solo cantare e fregarsene del grigio. Poi ci sono le bocche aperte, affamate. C'è il possesso, l'avidità, la sete di potere, la bramosia sociale a cui si accodano tutte le processioni degli scarsi, delle mezze seghe e file clientelari di illeciti. Tutti, per riuscire a soddisfare la fame che mangerebbe finanche se stessa. Cannibale!

Antefatto.

C'è un politico, cambia bandiera e il suo uccello chiamato "N'dundì". La morale della favola non è che l'uccello se ne vola, no! Come cazzo farebbe un cazzo a volare!? Piuttosto a un certo punto della storia l'uccello, appunto, si rifiuta di fare qualcosa che farebbe schifo anche all'ultimo degli arrapati. Richiamando all'ordine morale, la camaleontica depravazione politica del suo padrone.

Parte prima. Rosso.

Se c'era un colore che aveva amato da subito, era il rosso. Rosso rosso rosso! Rosso passione, rosso garofano, rosso protesta, rosso bandiera, rosso sangue degli operai, rosso rottamazione, rosso... ma il rosso che più amava segretamente era quello Ferrari, quello correva, quello lo faceva sentire vivo, come in certi comizi quando si accorgeva di avere un'erezione e mentalmente rivolgendosi da cazzone a cazzo gli diceva: "N'dundì stai calmo che mo qua c'è poco da stare dritti! Non le vedi 'ste quattro quote racchie di rosa sbiadito che insieme fanno mezzo millennio di storia? Ci vuoi pure stare dritto!? N'dundì e stai calmo che dopo in albergo ti do il fatto tuo." Funzionava, eccome se funzionava! Non era mica così n'dundito come voleva far sembrare e poi, molto probabilmente, ad accenderlo non erano le femmine, ma la vista del rosso, sì, la vista del rosso ovunque. Lui si sentiva un toro scatenato, due tre puttane a notte e quando tornava a casa, si sarebbe inculata pure quella stronza della suocera che però dormiva e russava e di rosso aveva solo il sangue schizzato negli occhi che più che fargli venire un'erezione, gli faceva schifo e basta. Ma era lei che lo aveva presentato al partito, lei che lo sponsorizzava, lei che a insaputa di sua figlia chiedeva di fottere con lui, con o senza rosso, con o senza permesso. Lei era una comunista di quelle comuniste davvero, se ti saltava addosso non c'era barricata a resistergli, tanto valeva accontentarla che tanto "N'dundì" dritto e prontissimo ci si metteva sempre e comunque anche se sua suocera fosse stata una caprona pelosa che poi era pure peggio…

Parte seconda. Azzurro.

La suocera crepò, le cose in sede di partito cambiarono velocemente. Capì che era tempo di migrare altrove, di cambiare bandiera, di fare secondo lui un salto di qualità imprenditoriale. Fu così che accettò di candidarsi con l'azzurro. Fu così che cambiò colore e rinnegò qualsiasi forma di rosso, beninteso, escluso la Ferrari che non avrebbe mai potuto dipingere d'azzurro, quindi andava tenuta così com'era, ma poteva sempre immaginarsela color cielo nuvoletta nuvoletta e con questi pensieri era facile sentire "N'dundì" fare capolino e poi intostarsi e spaccare le mutande e tutto quello che c'era da fottere compreso un segretario di partito che faceva il gran maschione sposato, in realtà era un gran succhia cazzi e pure più bravo di sua suocera e lui che doveva stare sul pezzo e mai tradire la sua agenda setting di arrampicata sociale, lui, fece in modo che "N'dundì" a cui piacevano le femmine, anzi no le troione, si accontentasse di un culo azzurro in un cielo di nuvolette nuvolette tipo vizietto atto quinto senza più barriere né barricate al pudore che poteva anche andarsene a'ffanculo con tutte le convenzioni e il perbenismo.

Parte terza. Verde.

Purtroppo si sa come vanno a finire certe cose in certi ambienti. Un giorno arriva uno più giovane, più aitante, più disponibile e più n'dundito e ti fotte il posto da fottitore ufficiale. Vieni declassato, dimenticato, messo cortesemente alla porta con tanto di scorreggia in faccia e addio nuvolette nuvolette, addio azzurro, addio partito ascendente. Allora che fai? Ti giri intorno, sei mica scemo! Fai un paio di telefonate che l'esperienza non ti manca, chiami un paio d'amiche

amiche altoborgate che per "N'dundì" sono state la sopravvivenza, ci fai un festino senza limiti di consumazione e subito dopo una di loro ti propone un colore nuovo. "Bisogna difendere gli alberi, bisogna sposare la causa ecologica, bisogna risparmiare tutta l'energia possibile!" ovviamente tutto questo dopo che t'hanno spompato tutta la notte come delle assatanate. Dopo che hanno strapazzato "N'dundì" come fosse una seppia sbattuta alle diciannove e quaranta. Dopo una giornata di gran rottura di coglioni e non ce la fai più a sopportare 'ste due mignotte che saranno pure gran zoccole e coi mariti potenti, ma iniziano a puzzare come delle cinghialesse smerdate che di trombare neanche più a "N'dundì" gli tiene voglia che pure di voglia ne ha sempre e dalle storie precedenti avrete capito che non guarda in faccia a nessuno, basta che fotte e gode e tromba e fotte! E così il nostro protagonista diventa segretario politico verde di un verde che gli sta pure sul cazzo ma che lo porta a Bruxelles e lì non lo regge più nessuno, né a lui, né a "N'dundì" che diventa l'attrazione del fottimento europeo che ci manca solo che gli propongono di fare un pornofilm con qualche regista svedese arrapato di maschio latino. Perché anche su questo non ci sono dubbi!

Parte quarta. Giallo.

Si rompe le palle di stare a Bruxelles e approfitta di un invito in casa di un movimento altosociale mezzo nuovo e tinto di giallo per tornare prima a Milano dove si fotte di tutto e poi a Roma dove incontra vecchie e nuove amiche, vecchi e nuovi amici, ed entra anche in confidenza con un cardinale superpotente di quelli pappa e ciccia coi salotti bene bene, di quelli che non fai in tempo a pensare un cazzo che già t'hanno fatto il miracolo di qualsiasi cosa, manco fossero Gesù in persona… "Il giallo è un bel colore" dice tra sé e sé, ma accade qualcosa di imprevisto che non aveva previsto e che gli scazza tutti i piani di nuova ascesa sociale: cioè? Cioè "N'dundì" non dà più segni di vita, anzi si rifiuta, anzi gli fa proprio capire che non ha più nessuna voglia di drizzarsi: "No no no! Questo proprio no, mi rifiuto!" Si rifiuta. Il cardinale è davvero troppo e non può pretendere da lui una cosa del genere dopo che il passaggio a Milano è stato un trombamento pazzesco di gnocche e modelle e bonazze strepitose del giro della moda che c'hanno un talento pazzesco per fartelo stare dritto anche tre giorni di fila che poi "N'dundì" ci stava da solo perché lui è così, se gli piace ci sta e se ci sta ci sta e dopo tre giorni ne avrebbe fatti altre sette e si sarebbe sbattuta tutta la collezione, la sartoria e pure la moglie dello stilista che sembrava un maschio e lo era (con i maschi).

Parte quinta. Arcobaleno.

A tirarla breve contro "N'dundì" non si poteva andare e dunque dovette lasciare il gran cardinale della minchia e tanti saluti alla carriera tra i gialli. Ci fu una gran sceneggiata, una quasi minaccia di scomunica, dovette ridargli anche un paio di regalini più costosi di altri, ma alla fine si liberò di quella patacca intunicata che a "N'dundì" gli stava proprio su se stesso, cioè sul cazzo! Si ritrovò di nuovo senza colore, senza incarichi politici che per lui erano la vita e anche fonte di guadagni alto livello. Decise di sballarsi forte. Passò una serata pazzesca in un night club molto esclusivo della capitale e lì in pista conobbe una trans italianissima con l'accento napoletano che dopo tre minuti si era già innamorata di lui e cosa più incredibile sentiva che "N'dundì" la ricambiava e stava già arzillo manifestando il desiderio di un pompino veloce che fu subito esaudito dalle labbra rifatte e incandescenti della trans che non aspettava altro. Senza che ce lo confermiamo divenne il portavoce degli arcobaleni: ragazzi mica un colore solo! Tutti! Notorietà, televisione, copertine di gossip, perfino interviste con le tv straniere che più straniere di così ogni giorno ne arrivava una, tutte intervistatrici trans, tutte fichissime, tutte che si erano già passate la voce che "N'dundì" modestamente se la cavava benissimo, non solo in resistenza, ma soprattutto in dimensioni da gran manico da pornostar, appunto!

Parte ultima. Tricolore.

E arriviamo alla fine del percorso del nostro camaleonte e del suo amico "N'dundì" che intontito e stravasato non lo era affatto! Ci sarebbe ancora molto da scrivere sul bene comune, sul bene della nazione, sull'importanza di una coesione sociale, sul patrimonio artistico culturale, sulle bellezze naturalistiche e un piano nazionale di recupero valorizzazione e messa in sicurezza del territorio Italia e vattelappesca dio solo sa che altri discorsi, tutti onesti, tutti necessari, tutti per migliorare la vita degli italiani, del popolo, della ricettività turistica del Belpaese, e bla bla bla, bla bla bla, bla bla bla! Insomma ognuno ha il suo mestiere da fare, le sue competenze da acquisire, la sua esperienza da mettere in campo… dunque un esemplare politico ha il suo gioco che di tappa in tappa, di colore in colore, seppure attraversando vicende non sempre limpide, non sempre dall'amministrazione e dalla moralità impeccabile (ma tanto quella chi ce l'ha più!?), insomma ognuno fa il suo mestiere e finalmente "N'dundì" decise che era ora di tornare al suo primo amore che non è la Ferrari ma sua moglie o meglio la moglie di lui che nel frattempo ha fondato un partito tutto suo, un partito tricolore che sta andando forte, talmente forte da travolgere alle prossime elezioni chiunque le si parerà davanti e per questo bisognosa di esperienza e competenza pluripartitica che solo suo marito, un gran figlio di puttana certo, un gran puttaniere certo, ma pur sempre un uomo di comprovata esperienza politica, appunto, capace di dialogare dentro e soprattutto fuori dai palazzi istituzionali con chiunque, ma dico proprio chiunque, non fosse altro per le sue capacità di cavalcare l'onda giusta al momento giusto e soprattutto di fottere ogni giusta e giusto al momento più opportuno, talmente opportuno che ora "N'dundì" se ne torna a casa e si fa una bella scopata con sua moglie. E vissero tutti felici e contenti.

Ah dimenticavo, i colori del tricolore…? Ragazzi, svegliatevi, la tinturazione è solo un particolare che a questo punto della storia non serve manco più da facciata. Solo gli scemi si pongono ancora il problema della residenza fiscale e del catalogo pantone. Che importa se rosso azzurro verde giallo arcobaleno, tanto dei colori a "N'dundì" non frega più niente. Ora si mette in cappuccio e si tuffa nel morbido casalingo. Finalmente una trombata matrimoniale dopo tanto pellegrinare tra zoccole e bordelli. E chiamalo "N'dundì"!!

("N'dundì!" in abruzzese non sta solo per "intontito", ma anche per *n'dundito* e basta. Ovvero di chi arriva sempre un po' dopo, di chi capisce e poi non ha capito niente, di chi dice di ricordare e poi ha dimenticato tutto. Insomma *nu n'dundite!* Uno o una che non sta né dentro né fuori, o meglio dentro sta fuori e fuori pure… ma come spesso accade *lu n'dundite* la sa lunga e gestisce la storia meglio di chiunque altro.)

28/ Cleopatra o Meryl Streep?

Truccata sì, ma non come una puttana! Oooh ma cosa state pensando? Mi trucco perché mi piace e basta. Niente faccia acqua e sapone, quella va bene la mattina appena svegli, un bacio, una spettinata, un pompino veloce... ma dopo, dopo una donna deve essere donna, non voglio essere confusa con uno strofinaccio qualsiasi! Guardate Cleopatra che femmina, il suo marcantonio impazziva a starle lontano. Era un dio della guerra ma con lei si faceva piccolo piccolo.

«Amoreee, c'è un regalino per te in cortile. Picciottina, affacciati un attimo e guarda, dimmi se il colore è quello giusto...?»

Mi affaccio e cosa vedo? Una porsche 911 viola, lucida, brillante, accesa. Urlo, gli salto addosso, lo bacio. Sarà anche un boss, ma i regali li sa fare meglio di chiunque altro! Ci sono uomini capaci di regalarti solo chincaglierie e stupidi fiori che appassiscono il giorno dopo. Altri che vanno al sodo che sanno andare oltre, guardare alla velocità.

Tacco 12, pelle rossa fiammante, scendo, accarezzo l'auto, guardo lui alla finestra e gli mando un love mani bocca, bocca mani. Entro, cintura, mani sul volante, fiera come una regina sul trono usurpato a una rivale. Premo l'acceleratore, sgommo e via a tutta velocità. Lui alla finestra starà sicuramente sorridendo, divertito, pazzo di me, felice di avermi resa felice. Io pazza e basta! Musica: *"Questa sera non ti dico no, arriviamo in Cile in autostop. Anche sulla Luna, tanto la conosco. Questa sera non ti dico no, domani non lo so!"* Grande Loredana, i love you.

Ci siamo conosciuti a una serata di beneficenza. Io ero sul palco, un recital: poesie romantiche dell'800. Lui, tra gli invitati d'onore, ovvero quelli che sborsano i soldi. Al bar: «Signorina, complimenti ha una voce piena di calore e sensualità. Piacere mi chiamo Pasquale.» Oddio ma ora questo che vuole? (mi sono detta tra me e me) Come un moscone, all'improvviso, è arrivata zia Bettina: «Pasquale, ti presento mia nipote, la nostra piccola Katty. Cara questo signore è uno tra i nostri più generosi sostenitori...»

A quel punto avevo già capito tutto, mi ero già quasi innamorata e già mi vedevo seduta come una gran dama, al tavolo d'onore del prossimo galà.

Cazzo, un posto di blocco. Li ho passati a 180! Cazzo hanno acceso la sirena, mi stanno dietro. Rallento, mi fermo, non voglio mica giocare a fare guardia e ladri. Farò la svampita e se non funziona inventerò qualcos'altro, del resto sempre uomini sono... un marcantonio vale l'altro.

Occhiata allo specchietto retrovisore, intanto mi sistemo i capelli, una bionda è sempre una bionda! Sono in due, sembrano giovani. Quello davanti, moro, bel pacco, bel fusto, però. Quello dietro, biondo, bel pacco, bel fusto, con qualche anno in più, però.

Eccoli. Il moro: «Signorina buongiorno, abbiamo fretta stamattina... documenti e patente prego?» Cazzo e stracazzo, con me non ho niente, neanche un cazzo di documento. Metto la faccia tra le mani e parte Meryl Streep. Piango disperata: «Mia madre, la mia povera madre, mi ha telefonato, sta male, molto male, è sola e di colpo mi sono ritrovata in macchina senza niente, non ho nemmeno il telefono con me... cercate di capire è un'emergenza, sono disperata, una donna anziana, sola, malata, se non arrivo morirà!» Gli agenti sono rimasti a bocca aperta, senza parole. Il biondo: «Stia tranquilla signorina, non si agiti, solo una formalità, sa com'è, andava un po' troppo veloce per questo tratto di strada...» Mi sorride, comprensivo, c'è cascato in pieno. Cazzo datemi un Oscar subito, li ho convinti!

Il biondo al moro: «Facciamo un controllo veloce alla targa.» Mi sorride, anche lui, bel culo, però. Prendono il numero di targa. Tornano alla volante. Controllo in atto. Cazzo, pure il telefono! Nella fretta di accelerare… non posso nemmeno chiamare Pasquale. Servirà un boss? Servirà un avvocato? Servirà questo biondo platino che però è da rifare? Ho un po' di ricrescita nera, ma è cool, pure Madonna, pure Lady Gaga, pure le stronzette su Instagram.

Figurarsi, zia Bettina? Lei non uscirebbe mai senza i capelli perfettamente pettinati, tinti, in piega. Una donna d'altri tempi, non c'è che dire. Lei su una 911 non ci salirebbe neanche morta e poi viola! Non parlate mai di questo colore a un'attrice, gli rovinereste la carriera! Zia Bettina, viene dal teatro classico: Aristofane, Eschilo, Euripide e tanti altri. Quarant'anni di carriera, sempre in giro, sempre in tournée beata lei. Compagna di grandi attori, amante di uomini bellissimi. Oggi indiscussa padrona di casa del Teatro Comunale, direttrice artistica, regista e dama di carità. Ovviamente anche vedova onorata di un cittadino illustre che tanto si premurò per tutta la comunità. Un cittadino illustre che con me ci ha provato almeno tre volte. Qualcuno mormora che fosse un mafioso, ma chi l'ha detto, chi l'ha visto, chi l'ha sentito? Nessuno! E allora...? Ognuno della propria vita ci fa quello che cazzo gli pare! Perbene o permale, tutte stronzate!

Stanno tornando. Il moro, gentilmente, quasi arrapato: «Signorina l'auto risulta rubata. Per cortesia ci segua in centrale.» Il biondo, con la faccia quasi sulle mie tette: «Non si preoccupi per sua madre. Ci dica dove abita, un recapito, invieremo noi l'ambulanza e tutto si risolverà. Intanto ci segua.»

Resto basita, senza parole, con la bocca aperta talmente tanto tempo che avrebbero potuto infilarci dentro qualsiasi cosa, non avrei reagito... uno shock. Cazzo Pasquale, questo non me lo doveva fare. Brutto stronzo figlio di puttana, regalarmi una macchina rubata, almeno dimmelo! Gli sciolgo le palle nell'acido, lo castro e lo rimando da quella strega di sua moglie come un mutilato di guerra, altro che marcantonio!

Riesco solo a dire: «Sì certo, vi seguo...» Cazzo, lo so a cosa state pensando: qui Meryl Streep non si sarebbe fatta fregare! Io invece, ci resto come una cretina... vi restituisco l'Oscar e 'fanculo voi e Pasquale!

La prima volta che zio Giustino ci ha provato con me, è stata la sera del mio quindicesimo compleanno. Tutti allegri, tutti in festa tra giardino salotto e piscina. Sono sola, sul balconcino del primo piano, mi godo la gioia dall'alto, i colori delle luci, la musica, una cannetta leggera. Improvvisamente, sento una bella mano calda sul culo... «Porco, giù le mani o racconto tutto a zia Bettina!»

La seconda volta che zio Giustino ci ha provato con me, è stata la sera del mio diciassettesimo compleanno. Dj set pazzesco. Tutti sbronzi, tutti in costume da bagno a fare casino in piscina. Io, di nuovo sola sul balconcino del primo piano, le feste sono belle anche se le guardi dall'alto. Mi sono fatta un tiretto di coca, sto benissimo. Luca mi manda un bacio da sotto e si tuffa... è il mio primo ragazzo ufficiale, campioncino di nuoto, rampollo di una famiglia di quelle buone, diciamo molto influente. Improvvisamente mi sento afferrare un braccio, tirata nell'ombra, stretta di spalle, sento la sua eccitazione, capisco chi è: «Brutto porco di nuovo tu, giù le mani ti ho detto! Lasciami stare o racconto tutto a zia Bettina!»

Arriviamo in centrale. Scendo, tacco 12, pelle rossa mini mini, biondo platino smesciato da paura. Altro che caserma, sono da red carpet!

Interrogatorio del cazzo. Mi fanno mille domande, soprattutto vogliono sapere che legami ho con l'amico che mi ha regalato la Porsche? Mi mostrano foto di suoi presunti amici, conoscenti, frequentatori... insomma cercano di farmi dire qualcosa che poi si ritorcerà contro di me, contro Pasquale e tutta la famiglia. Mica sono scema! Qui ci serve una nuova ispirazione, una tragedia molto, molto più potente di quella della mamma in decomposizione!

Sento la voce di zia Bettina: «Cara, quando non sai più che dire e non sai più che fare, non ti resta che pregare!»

Mi butto a terra, in ginocchio, inizio a pregare: "Ave Maria piena di grazia!" Insceno una crisi mistica, un copione inedito, da femmina d'altri tempi. Poi stesa sul pavimento, mi scuoto, sbavo, ruoto gli occhi in mille direzioni. Vedo la faccia del biondo, stravolta, arrapato, però. Vedo la faccia del moro, straniata, arrapato, però. Vedo la faccia di altri due poliziotti, sconvolti, arrapati, però! Cazzo me lo ridate l'Oscar, ora, si o no!?

Qualcuno è corso a chiamare una poliziotta psicologa. Ho pronunciato qualche parola chiave... è accorsa zia Bettina che ha subito chiamato Pasquale. Sono arrivati in tre. Tre avvocati col controcazzo abbottonato e per niente arrapati, se non di soldi.

La terza volta che zio Giustino ci'ha provato con me, è stata la sera del mio diciannovesimo compleanno. Luci psichedeliche ovunque, gente che ballava sui tavoli e la solita piscina trasformata in una tropical location coloratissima. Amici, amici d'amici, amici d'amici d'amici. Io, cocktail in mano, ancora una volta sola sul balconcino del primo piano. Con Luca stiamo ancora insieme, anche se esco più volentieri con Marco, bono da morire. Luca è ancora lì sotto, già in piscina, manco mi caga, nuota e ride col suo migliore amico, secondo me quei due scopano. La festa è bella e strafiga come tutte le altre.

Zia Bettina e zio Giustino non mi hanno mai fatto mancare niente. Sono orfana di madre e di padre. Mia madre era sua sorella gemella. Sono morti entrambi in un incidente pazzesco. Di ritorno da una festa, forse bella come questa, il giorno del mio quinto compleanno. Mi sono salvata per miracolo o per grandissimo culo!

Non me l'aspetto, ma ci penso, quasi lo sento arrivare. Non mi tocca, sento la sua voce: «Ketty, ho un regalo speciale per te...»

Rientrando, mi volto verso di lui, la festa ora è alle mie spalle. Ha una chiave in mano. Mi porta in garage. Sgrano gli occhi, cazzo, m'ha comprato una Porsche cabrio blù cobalto... cazzo è bellissima! Saliamo e via ad alta velocità, c'è una nuova festa davanti a me, siamo in due, pochi invitati, ma che schianto. Costiera, colline, l'odore del mare, dei pini, non vorrei più fermarmi. Musica: *"Sostengono gli eroi, se il gioco si fa duro, è da giocare... mentre il mondo cade a pezzi, io compongo nuovi spazi e desideri che appartengono anche a te..."*. Grande Marco, i love you.

A un certo punto, freno inchiodo, lo abbraccio, lo bacio sulla bocca. Lui, in un primo momento sembra non reagire, poi mi stringe a sé, fa molto caldo stanotte. Scendiamo dalla macchina e sul cofano facciamo l'amore. Il metallo riscaldato roboante sotto la schiena e finalmente un uomo, un vero uomo che mi fa sentire donna, una vera donna. Da domani, stop con Luca, stop con Marco, ho bisogno di altro! Quella sera non la dimenticherò mai, i suoi baci, le sue mani sulla mia pelle, il più bel compleanno della mia vita. Io 19 anni, lui poco più che quarantenne. Ovviamente quella volta non ci fu bisogno di dirgli: «Brutto porco, giù le mani, lasciami stare o racconto tutto a zia Bettina!» Un segreto, è pur sempre un segreto.

Tornata a casa mi faccio una doccia calda. Pasquale dov'è? Questa volta ha passato ogni limite. Regalarmi un'auto rubata, ma con chi crede di avere a che fare? Lo lascio, lo mollo, non ci voglio più vivere insieme, basta. Sarà difficile, però. Lui non è uno qualsiasi, lui è Pasquale, tre avvocati da stracazzo, molto da nascondere. Un boss, molto da temere.

Devo pensare a una strategia: Cleopatra o Meryl Streep?

Opto per la seconda. Non ho nessuna voglia di morire suicida e per giunta odio le vipere!

Oggi è il mio ventitreesimo compleanno. Pasquale è davvero un bell'uomo, cena a lume di candele. Mi sono fatta rossa, abito lungo verde smeraldo, spacco infinito lungo la schiena, seta purissima. Sono passati quasi due mesi. Il regalo di compleanno non era la 911 viola, bensì è un girocollo pazzesco di brillanti e smeraldi, appartenuto a una principessa indiana d'altri tempi. Sarà rubato anche questo? Tra poco mi vedrò arrivare il biondo e il moro, arrapati, però!? Pasquale mi legge nel pensiero: «Picciottina mia, stai tranquilla, questo l'ho comprato. A buon prezzo, ma giuro che l'ho comprato...» Mi sorride, gli sorrido e mando un bacio. Ceniamo, parliamo del prossimo galà di beneficenza da organizzare. Devo sentire zia Bettina.

Dal ristorante a un posto bellissimo sul mare. Un club esclusivo, questa sera, aperto solo per noi. Brindiamo. Mi invita a ballare. Tra le sue braccia ci sto ancora bene, è quello che ha nella testa che non mi convince più. Ma voglio godermi questa serata, è tutta mia, tutta per me, non voglio guardarla dal balconcino dei ricordi.

Torniamo a casa, felici, innamorati. Come in un film d'altri tempi, mi prende in braccio. A letto, nudi, lui mi sta sopra, scopa forte stasera, più forte che mai. Il crocifisso d'oro massiccio che ha appeso al collo, mi sbatte tra le tette, in faccia e di colpo ho un'ispirazione. Inizio a urlare e pregare: «Ave o Maria piena di grazia... sono una santa non una puttana! Voglio farmi suora, voglio farmi suora! Prega per noi peccatori, voglio farmi suora, adesso e nell'ora della nostra morte, voglio farmi suoraaa!!» Si smoscia, abbandona l'azione, cade, disteso al mio fianco, accende una sigaretta. Io continuo a farneticare, a sbattermi sul letto come fossi posseduta. Cazzo ma 'st'Oscar me lo date o non me lo date? C'è qualcuno che mi fa 'sta stracazzo di nomination o no!?

La mattina dopo, lui non c'è. Trovo una busta sul comodino e un borsello di pitone, dentro centocinquantamila euro in contanti, però!

"Picciottina è stato bello. Tieniti tutti i regali, ma torna da tua zia e salutamela tanto. Per il galà non ti preoccupare, ci sarai da regina come ti avevo promesso. Sono un uomo d'onore e non mi rimangio la parola. Curati, mi sembra che qualcosa non va. Ora devo tornare a casa, la famiglia prima di tutto. Non ti mancherà niente, ci sarò sempre. P."

Ora me lo date o no 'sto cazzo di Oscar!? Non mi costringete a sedurre anche un boss di Hollywood. Datemi ciò che mi spetta e che non se ne parli più.

Cleopatra o Meryl Streep?

Sono una grande attrice, cazzo, però!

29/ Perché scrivo?

Scrivo perché ho un sogno.

Scrivo perché c'è urgenza, eruzione, necessità. Perché amo ascoltare la mia voce che rilegge in piena notte le parole che sgorgano e le storie e le frasi e gli intrecci.

Scrivo perché mi piace, mi piace scrivere, leggere, guardare le parole una dopo l'altra formare frasi e parlarmi di vita che si trasforma in un libro.

Scrivo perché da bambino scrivevo per gli altri bambini e raccontavo storie e ora da grande continuo.

Scrivo perché non c'è una letteratura a cui non mi sento di appartenere. Piuttosto una letteratura che mi sembra di voler fare, continuare, amare, essere.

Scrivo per raccontare strane storie. Storie nel tempo e fuori dal tempo. Come tutte quelle che hai appena finito di leggere. Storie crude nude viscerali.

Le parole escono spontanee, queste storie mi posseggono, le scrivo e soffro e rido... e poi cerco di prenderne le dovute distanze per provare a capire se è giusto farle leggere ad altri o piuttosto lasciarle lì a distruggersi col tempo.

Mi chiedo tutto questo e niente mentre scrivo.

Sono felice così, è come se ci fosse un grande fiume, una grande sorgente d'acqua fresca che spinge verso l'esterno tutto ciò che dentro è solo immaginato.

Scrivere è un momento fantastico, magico, per me irrinunciabile.

Faccio tutto questo come tutti quelli che hanno scritto prima di me e come tutti quelli che lo faranno dopo. Gli scrittori immaginano il tempo, lo riempiono di presente di futuro e di passato. Un libro è pieno di questo, di immaginazione, di progetto, di giorni, di notti, di vita.

Quando inizio a scrivere è come se precipitassi in un altrove dove tutto diventa possibile. I personaggi, gli ambienti, le storie, tutto si trasforma attraverso il processo della narrazione.

C'è un narrare che è un comporsi.

C'è un raccontare che è un lasciare.

C'è la bellezza che passa dallo scrittore al lettore e non vorrebbe mai arrivare all'ultima pagina. C'è uno scrivere che è iniziare che è finire che è movimento eterno di osservazione, di innamoramento, di furto alla vita che offre senza sosta tutte le trame più belle o più brutte.

Infine. Ci sei tu, lettore, lettrice. Il mio punto d'arrivo, il coraggioso ascoltatore della mia voce o la temeraria paladina delle mie parole.

Sei tu, la cosa più bella e importante. Senza di te, sarei costretto al silenzio e non ci sarebbe cosa più dolorosa, ferita più profonda.

Sei tu la mia meta, il mio destinatario e parte del mio destino.

È il tuo cuore che mi interessa conquistare, è il tuo cuore la pagina più bella su cui scrivere.

Sì, scrivo per tutto questo.

Biografia

Beniamino Cardines nasce in Svizzera e vive a Pescara. Scrittore, giornalista, speaker radiofonico, regista, performer e organizzatore di eventi culturali, dichiara: *"Narrare è come accendere fari su angoli bui dell'esistenza. Mi piace pensare alla letteratura come a una possibilità, utile anche per formare coscienze."*
Nel 2001, ideatore e anima del progetto CSP-Collettivo Scrittori Pescaresi (site specific writing); da questa esperienza germinerà il Festival delle Letterature a Pescara.

È autore della trilogia *"Le avventure di Plastica"*:
- *"L'inizio delle cose" (2019)*, vincitore del Premio Letterario Nazionale "Luigi D'Amico 2019".
- *"Cose molto pericolose" (2020).*
- *"Cose dell'amore" (2023).*

Nel 2023 è stato riconosciuto "Miglior Autore dell'anno", con premiazione al Salone Internazionale del Libro di Torino. Nello stesso anno, ha ricevuto il titolo di "Scrittore ecologico d'eccellenza nazionale" al Premio Alter News Press - FIGEC. Ha ottenuto il Premio "Cultura Inclusiva e Arte" Agape 2023/Caffè Letterari d'Italia e d'Europa per il suo contributo culturale e il Premio Internazionale Luca Romano per la Cultura 2024.

Altre pubblicazioni:

- *"Le teologie delle casalinghe – romanzo di storie con 70 consigli a papa Francesco" (2021).*
- *"AltreScritture - voci immagini cuori e storie" (2023), dedicato alla scrittura creativa e alla disabilità.*
- *"Sirena Bambina" (2023), romanzo illustrato inserito nel catalogo Letteratura Bambini e Ragazzi 2023 della San Paolo Edizioni.*

Attività culturali e artistiche:

Già direttore artistico del "Linguaggi - Festival nazionale della performance" (2002-2004), ha collaborato con Istituzioni e numerosi enti locali. È ideatore e fondatore di AP/ArteProssima – pinacoteca d'arte contemporanea, che dal 2021 organizza una stagione stabile di arti visive a Pescara.

Come presidente e fondatore di OL//Officine Letterarie aps, promuove eventi letterari in collaborazione con il Comune di Pescara. Nel 2019 ha lanciato Ooops!, un progetto di letteratura condivisa che incoraggia la scrittura e la lettura tra giovani, con particolare attenzione a ragazzi con disabilità. Dal 2020 dirige il progetto "Marziani dal… la letteratura dove non l'avete mai incontrata".

Ha inoltre fondato Bibliodrammatica aps – Centro di ricerca, produzione e promozione culturale, con cui ha curato gli eventi performativi del Festival Biblico a Pescara e molti altri progetti. Tra il 2015 e il 2019 ha diretto la Scuola triennale di Linguaggi performativi e Sacra Scrittura.

Conduce il programma radiofonico *#COLPODISTATI_letterature in pericolo* su RadioCittàPescara/PopolareNetwork.

Dal 2024 è direttore artistico del PHF/Poetry House Festival e fondatore di SU/Sintassi Urbane – leggere indipendente, rivista letteraria di cui è direttore responsabile. Inoltre fonda OPI/Orchestra Poetica Italiana in collaborazione con MLA/Museo Lettera d'Amore, un progetto di promozione della letteratura, attraverso l'ascolto originale e orchestrato a più voci.